식민지 조선의 올림픽 민족주의

동북아역사재단
교양총서 32

식민지 조선의
올림픽 민족주의

한국인은
어떻게
올림픽에서
소외되었나

허성호 지음

동북아역사재단
NORTHEAST ASIAN HISTORY FOUNDATION

간행사

　우리나라를 둘러싼 동북아 지역의 역사 갈등은 여전히 한창이고, 점점 심화되고 있습니다. 우리 동북아역사재단은 2006년에 동북아 지역의 역사 갈등을 미래 지향적으로 해결하고, 나아가 역내 평화체제를 구축하려는 목적으로 출범하였습니다. 이때는 항상 제기되고 있던 일본의 역사 왜곡에 더하여 고구려, 발해 역사를 둘러싸고 중국과 역사 분쟁이 일어났습니다.

　한국과 일본 사이의 역사 문제는 19세기 말 일제의 침탈과 식민지배 때부터 있어 왔습니다. 지금도 일제의 식민지배에 대한 진정한 사죄와 일본군'위안부' 문제, 강제동원과 수탈, 독도영유권 등을 둘러싸고 논쟁과 외교 마찰이 일어나고 있습니다.

중국은 개혁·개방 이후 급속하게 경제 발전을 이루면서 체제를 안정시키고 선린외교에 주력하였으나, 주변국과의 관계에서 주도권을 잡고자 하는 과정에서 자연스럽게 역사 문제를 둘러싸고 이웃과 대립하게 되었습니다. 그중 동북3성 지역의 역사에 대해서는 이른바 '동북공정'을 통하여 중국 영토 안에서 일어났던 역사를 모두 자국 역사 속에 편입하고자 함으로써 우리의 고대사(고조선, 부여, 고구려, 발해 등)와 충돌하게 되었습니다.

우리 재단은 이런 역사 현안을 우리 입장에서 연구하면서 다른 한편으로 우리 국민이나 다른 나라 사람들이 우리의 연구 결과를 같이 공유하고, 이를 쉽게 알 수 있도록 교양 수준의 책을 출간하게 되었습니다. 한·중·일 관계사, 한·중·일 역사 현안인 독도, 동해 표기, 일본군'위안부', 일본역사교과서, 야스쿠니신사, 고조선·고구려·발해 및 동북공정 관련 주제로 우리 재단 연구위원을 중심으로 재단 외부 전문가들로 필진을 구성하였습니다.

모든 국민이 이 교양서들을 읽어 역사·영토 현안을 올바르게 인식하고, 나아가 우리가 동북아 역사 갈등을 주도적으로 해결하여 평화체제를 이룩하는 데 주역이 되기를 바랍니다.

동북아역사재단

이사장

들어가며

식민지 민족에게 인류 대축제 올림픽의 의미

　현재 우리가 무심결에 지나치는 일상은 한 사회가 아주 오랫동안 걸어온 길이 굳어지거나 경로 수정을 거듭해 온 결과이다. 그래서 역사적 맥락을 파악하면 현시대의 관점에서 상식과 동떨어져 있는 관습이 왜 생겨났는지 본질을 들여다볼 수 있고, 이를 개선할 방안과 성패의 가능성을 예측해 볼 수 있다. 그래서 세상의 모든 지식에 역사라는 기초 학문의 요소가 들어 있고, 과거의 이야기를 토대로 인간은 좀 더 현명해질 가능성을 얻게 된다.

　역사를 연구하는 일은 그 자체로 충분히 의미 있는 일이다. 하지만 역사 연구가 현재 우리의 삶에 유익하고 흥미로운 시사점을 전달한다면 동시대인들 사이에서 활발한 상호작용 과정을 거쳐 더욱 강한 생명력을 갖는다.

이 책은 지금으로부터 약 100년 전, 한국이 일본의 식민지배를 받던 시절의 올림픽에 관한 이야기다. 예나 지금이나 세계에서 가장 큰 이벤트이자 국가 대항전인 올림픽이 나라 잃은 식민지 백성에게는 어떤 의미로 다가왔을까? 게다가 식민 종주국, 즉 일본 도쿄에서 올림픽이 열린다고 했을 때 식민지 조선 민족은 어떤 반응을 보였을까? 1930~1940년대 올림픽을 둘러싼 식민지 조선의 역사는 약 100년이 지난 지금 한국 사회의 스포츠 문화에 아직도 지대한 영향을 미치고 있다.

역사학자는 짧게는 수십 년 전부터 길게는 수천 년 전 과거에 벌어졌던 일을 연구하는 사람들이다. 대개 본인이 만난 적이 없는 인물을 연구하게 되는데, 나는 1936년 제11회 베를린올림픽에서 우승한 손기정(孫基禎)이라는 역사적 인물을 고교 시절에 만나 이야기를 나누고 장례식까지 지켰던 경험이 있다. 이 인연이 '식민지민과 올림픽'이라는 주제에 관심을 유지하는 동력이 됐다. 이렇게 작성하게 된 학위논문 '식민지 조선의 올림픽 민족주의 연구'를 기반으로 이 책을 구성했다. 다소 딱딱한 연구 논문을 일반 대중이 쉽게 접할 수 있도록 한자어 사용을 지양하고 최대한 현대어로 작성했고, 100년 전 사회 현상과 지금 현실 문제와의 상호작용을 강화했다. 각주와 저작권 보호기간이 만료된 사진 자료의 출처 표시는 생략했다. 더 자세한 내용을 원하시는 독자께서는 책 말미 참고문헌에 수록된 다양한 선행 연구를 참고하시길 바란다.

이 연구는 민족주의란 무엇인지를 가르쳐주신 김도형 선생님, 언제나 역사 연구의 창의적인 방향을 개척해 주시는 이기훈 선생님, 두 스승님의 가르침과 인내 덕분에 가능했다.

이 책에는 부모님과의 추억과 사랑이 담겨 있다. 유년 시절 올림픽 위성 생중계 시간에 맞춰서 졸린 눈을 비벼가며 비디오(VHS) 녹화 버튼을 교대로 눌렀던 아버지, 그 녹화 영상을 보고 또 보던 나를 구박하시던 어머니와의 그 시절이 그립다.

마지막으로 역사 바로 알리기를 위해 묵묵히 애써오신 동북아역사재단 및 미국 김진덕·정경식재단 가족 여러분께 감사드린다.

손기정의 역사가 숨 쉬고 있는 독일에서
저자 허성호

차례

간행사 5

들어가며 **식민지 민족에게 인류 대축제 올림픽의 의미** 7

제1장 **100년 전 올림픽 연구의 의미**
스포츠×민족주의 14
1936년과 1940년 올림픽 연구 18

제2장 **1936년 베를린올림픽과 손기정**
민족의 제전, 나치의 베를린올림픽 26
식민지 고교생 손기정 신드롬 43

제3장 **1940년 도쿄올림픽 유치와 개최 포기**
일제의 근대올림픽 유치 78
무산된 도쿄올림픽 88

제4장 **식민지 조선과 1940년 도쿄올림픽**
조선의 올림픽 민족주의와 내선일체 104
올림픽을 숨기다 126

제5장 **군국주의의 올림픽**
전쟁을 위한 체육 146
올림픽 영웅 손기정의 운명 158

나가며 **올림픽 때마다 주변을 둘러본다** 170

미주 178
참고문헌 179
찾아보기 188

제 1 장

100년 전 올림픽 연구의 의미

스포츠 × 민족주의

　한국의 국가대표 운동선수가 올림픽 같은 국제대회에서 우승하면 일반인은 상상도 못 할 공적 혜택을 입는다. 운동선수가 흘리는 피와 땀은 철저히 개인의 영달을 위한 것임에도 말이다. 그런데 사실 이들보다 비교할 수 없을 정도로 국위를 선양한 인물들도 병역면제(정확히는 대체복무)나 연금 같은 혜택을 받지 못한 경우가 허다하다.

　그럼 운동선수에게 이러한 혜택을 부여하는 주체는 누구인가? 정치권력이다. 근대 이래 정치권력은 예외 없이 스포츠를 통치 도구로 활용해 왔다. 물론 운동선수들의 활약은 대외적으로 국위선양에 이바지하는 면도 있지만, 모든 정권은 그들의 활약이 국민 여론을 한 덩이로 뭉쳐 지지율에 긍정적인 영향을 미칠 것으로 기대한다.

예를 들어 한국에서 1973년 병역특례제도가 신설된 계기도 마찬가지다. 1972년 유신체제가 시작되자마자 열린 제20회 뮌헨올림픽에서 '광복 후 첫 금메달'을 북한 선수에게 내줬기 때문이다.

군이 유신체제를 들먹이지 않더라도 2002년 월드컵에서 16강에 진출했을 때나, 2006년 월드베이스볼클래식(WBC)에서 4강에 진출했을 때 정부와 정치권은 없던 법도 급조해서 참가 선수들에게 깜짝 병역 혜택을 선물했다. 하지만 국가대표 선수들에게 혜택만 있는 것은 아니었다. 한국의 동계올림픽 효자 종목인 쇼트트랙의 일부 선수 혹은 감독이 다른 나라를 위해 뛰었을 때 크고 작은 이유가 더해져 굉장한 비난을 받기도 했다. 만약 다른 분야에서 비슷한 일이 일어났다면 관심도 끌지 못했을 것이다. 또한 때로는 정권의 필요로 동원되었다가 따가운 눈총을 받는 선수도 있다.

미디어는 스포츠의 이러한 민감한 지점을 끊임없이 자극해 이익을 꾀한다. 올림픽이나 월드컵 기간에는 평상시보다 광고 매출도 특수를 누린다. 정반대의 논조를 보이는 보수와 진보의 정론지들도 올림픽에 출전한 한국 선수를 바라보는 시선만큼은 거의 완벽히 일치한다. 그러다 정도가 지나친 기사도 등장한다. 일본으로 귀화 후 2002년 부산아시안게임에서 한국 선수를 꺾고 우승한 재일동포 유도선수 추성훈(秋成

2002년 부산아시안게임 유도 81kg급에서 일본 대표팀 소속으로 우승한 재일동포 4세 유도선수 추성훈(일본명 아키야마 요시히로)이 '조국을 메쳤다'는 제목으로 1면을 장식한 자신의 기사를 보고 있다. 출처: 오마이뉴스

勳, 일본명 아키야마 요시히로)에 관해 '조국을 메쳤다'는 제목으로 보도한 기사는 아직도 언론의 부정적 사례로 회자된다.

이러한 현상들을 하나로 묶어 주는 단어가 있다. 바로 '민족주의'다. 근대스포츠를 처음 접하면서 가혹한 식민지배를 당한 한국인에게 국제 스포츠대회, 특히 올림픽은 단순한 스포츠 게임이 아니라 민족주의를 분출하는 장이었다.

오늘날 국가대표 선수들이 받는 과분한 혜택은 이 민족주의에 부응한 대가라고 봐도 과언이 아니다. 정치권력이 기대하는 지지율 효과나 언론의 논조도 기본적으로 민족주의에 기반한다. 앞서 말한 쇼트트랙 선수나 감독이 비난받는 이유도 태극마크를 가슴에 달았던 인물에게 기대하는 민족주의적 규범에 부응하지 못했기 때문이다. 국가대표 선수 스스로가 민족주의에 종사하는 사람이라는 본질을 잊고 단순히 스포츠를 직업으로 가진 자연인이라고 착각하는 순간, 비난받을 여지가 생기는 게 냉엄한 현실이다.

21세기의 사반세기를 지나고 있는 지금 한국인이 대규모 국가대항 스포츠 경기에 느끼는 감정을 한 단어로 표현하자면 여전히 '민족주의'다. 세계가 연결된 글로벌시대에 살고 있고 한국도 선진국의 반열에 올라 예전만큼은 아니더라도 올림픽은 여전히 4년에 한 번씩 많은 사람을 일시적 애국자로 만들어 열광시킨다.

성공을 위해 달리는 선수, 이를 자기 일처럼 기뻐하고 실망하는 대중, 이를 확산하고 활용하는 미디어와 정치권력, 이 사각 구도가 요즘에 와서 만들어졌다고 생각하는 건 단견이다. 앞서 장황하게 서술한 현재의 스포츠 이야기는 지금부터 이 책에서 밝힐 약 100년 전 올림픽 이야기와 놀랍게도 닮아 있다. 한국인이 처음으로 올림픽을 체험한 시기의 연구는 현재 우리가 겪고 있는 일상의 원리를 돌아보게 한다는 차원에서 의미를 갖는다.

1936년과 1940년 올림픽 연구

　4년마다 올림픽 경기를 보면서 환호하고 있는 당신이 만약 주권 국가의 국민이 아니라 식민지 백성이었다고 상상해보자. 당신에게 올림픽의 의미는 어떻게 다가올 것인가? 약 100년 전의 한국인에게 이렇게 묻는다면 하고 싶은 말이 참 많을 것 같다. 그래서 이 책은 1930년대 일본의 식민지배 중 올림픽을 뜨겁게 경험하고 있는 식민지 조선인들에게 카메라를 돌려본다.

　일본이 근대올림픽을 처음 개최한 것은 1964년 제18회 도쿄올림픽이었지만 처음 유치한 대회는 아니다. 사실 이전에 도쿄올림픽이 한 번 더 있었다. 바로 1940년 제12회 도쿄올림픽이다. 이 대회가 알려지지 않은 이유는 당시 일본제국의 대내외적 사정으로 개최가 무산됐기 때문이다.

이 책은 1940년 일본 도쿄에서 열릴 예정이었던 제12회 근대올림픽 개최를 전후하여 식민지였던 조선의 사회적 반응을 알아보고자 한다. 다시 말해, 식민종주국에서 세계적인 국제행사인 올림픽이 열린다고 했을 때 조선 사람들은 어떻게 받아들였을까를 규명하려는 작업이다.

1940년 제12회 도쿄올림픽을 연구하기 위해서는 직전 대회인 1936년 제11회 베를린올림픽에 대한 이해가 필요하다. 나치 독일에 의해 개최된 베를린올림픽은 역사상 정치적 도구성이 가장 강했던 대회로 남아 있다. 그래서 당시 군국주의를 본격화하던 일본이 준비하던 차기 올림픽의 롤모델이 되기도 했다.

1936년 베를린올림픽에서 세계를 깜짝 놀라게 한 사건이 있었다. 바로 올림픽의 하이라이트인 마라톤에서 일본 국적의 조선 출신 고교생 손기정(孫基禎)이 우승한 것이다. 이 사건은 조선인들에게 전대미문의 올림픽 신드롬을 일으켰다. 이는 일제 식민당국의 심각한 우려를 불러 왔고, 이후 조선의 올림픽 열기는 일제의 통제에 의해 빠른 속도로 냉각되었다. 이 책에서는 이 일련의 과정에 주목한다.

한국학계에서 1936년 제11회 베를린올림픽에 관한 연구는 올림픽 연구의 핵심 소재였다. 주로 조선인 금메달리스트 손기정이라는 인물 연구에 집중되었으며, 이는 양적으로 모든 올림픽 연구를 통틀어 가장 높은 비중을 차지한다.

손기정이 생존해 있던 2002년을 전후한 시점까지는 주로 체육학의 범주에서 연구되었다. 내용적으로는 견고한 민족주의적 기반하에 당대 식민지 출신 스포츠인의 행보를 영웅주의적으로 기술한 것이 다수이다. 사료적으로는 손기정의 자서전과 직접 현장에서 취재하지 않은 언론 보도에 대한 의존도가 높다는 것이 특징이다. 그러다 보니 식민지 사회상 속에서 소비되는 근대스포츠 스타의 종합적인 상을 보여주는 데에 한계가 있었다.

2010년대를 전후하여 베를린올림픽 연구는 다각화하는 양상을 보인다. 내용적으로 인물 손기정 연구에서 한국 스포츠 민족주의에 관한 연구[1]로 그 범주가 확장되었다. 사료 연구도 다양해져서 1936년 베를린올림픽 당시 현지에 취재진을 파견했던 외신의 보도 혹은 기록영화, 일본의 신문·체육 문헌이나 일본 문학 속 손기정을 분석한 연구가 등장했다.

1936년 당시 『조선중앙일보』와 『동아일보』에 게재된 손기정의 사진에서 일장기를 지워 버린 이른바 '일장기말소사건'은 체육학계뿐만 아니라 미디어학계, 사학계에서도 식민지 권력의 언론 통제라는 측면에서 꾸준히 연구되었다. 그럼에도 여전히 베를린올림픽 연구는 손기정이라는 매력적인 인물 연구의 틀에서 크게 탈피하지 못했고, 베를린올림픽이라는 세계사적 이벤트에 관한 역사학적 연구는 아직 서구학계에 비해

미진한 수준이다.

1940년 제12회 도쿄올림픽에 관한 역사학적 연구는 한국사에서 배제된 채 미국과 일본 학계에서만 연구되었다. 그러다 보니 쉽게 납득하기 어려운 연구 결과와 만나게 된다.

가령, 1940년 도쿄올림픽 연구의 대표 격인 산드라 콜린스(Sandra Collins)의 연구[2]는 이 올림픽의 개최와 무산 과정, 국제관계를 다양하게 분석했으나 특유의 서구 중심적 시각이라는 한계를 노출했다. 그는 "아시아 국가들이 개최하는 올림픽 대회의 특징은 높은 정치성·프로파간다적 도구성"이라며 "1940년 도쿄올림픽은 이후 아시아에서 이뤄진 도쿄(1964)·서울(1988)·베이징(2008) 올림픽의 원형이 되었다"라는 결론을 내렸다.

그러나 역사상 정치적인 성격을 강하게 노출한 대회들은 베를린(1936)·뮌헨(1972)·모스크바(1980)·LA(1984) 등 서구에서 개최한 올림픽이다. 심지어 제25회 바르셀로나 올림픽(1992)은 많은 원주민을 학살한 콜럼버스의 소위 '아메리카 대륙 발견 500주년' 기념의 일환으로 개최된 사실을 상기하면 서구의 올림픽에서도 높은 정치성·프로파간다적 성격이 드러남을 알 수 있다.

일본 학계에서 1940년 도쿄올림픽에 관한 연구는 1964년 도쿄올림픽에 가려서 상대적으로 미진했던 가운데, 2020년 제32회 도쿄올림픽이 코로나19(COVID-19)로 80년 만에 또다시 취소될 위기에 놓이자 다시 주목받기 시작했다.

일본 학계의 1940년 도쿄올림픽 연구는 전통적으로 대회가 무산되는 과정에 주목해왔다. 1937년 일본이 중국을 침공한 중일전쟁으로 스스로 올림픽을 반납하게 된 사건에 대해 "일본의 올림픽 개최가 서구의 보이콧에 피해를 입었고, 이는 스포츠에 정치가 개입했기 때문에 부당하다"라는 이른바 역사수정주의적 논리를 빈번하게 노출하는 한계를 보인다.

한편 식민지 조선과 올림픽의 상관관계를 다룬 연구는 현재 단 하나[3]가 미국 학계에 존재하는데, 올림픽을 맞이한 식민지 조선 사회의 다양한 사회현상을 입체적으로 조명했다는 의의가 있다. 다만 이 연구는 1940년 도쿄올림픽 개최 과정에서 "조선인은 수동적인 방관자가 아니라 개인 소득, 경제발전, 선수로서의 출전, 관광 등 다양한 이유로 적극적인 지지자로 나섰다"라고 하며 조선에 불어온 1936년 올림픽 신드롬이 1940년 도쿄올림픽으로 이어진다고 분석했다. 그러나 이는 올림픽 신드롬이 급격히 꺾이는 1936년 가을 이후 식민지 내부의 정치적 상황을 고려하지 않고 1940년 올림픽을 맞는 식민지의 상황을 여전히 '신드롬'이라는 동일선상에서 보았기 때문에 나온 분석이다.

정리하면, 이제까지 식민지 조선을 둘러싼 올림픽 연구는 1936년 제11회 베를린올림픽에서 손기정이라는 인물의 우승에 집중되어 있다. 1940년 조선의 식민종주국 일본에서 열릴 예정이었던 제12회 도쿄올림픽에 관한 역사학적 연구는 한국사에서 배제된 채 미국과 일본 학계에서만 연구되었고 서구 중심적 혹은 역사수정주의적 관점이라는 한계를 보인다. 식민지 조선의 올림픽을 다룬 기존 연구는 1936년 조선에서 한시적이었던 올림픽 신드롬이 1940년 대회까지 이어진다고 분석했다.

이 책에서는 식민지 조선인이 맞이한 1936년과 1940년의 올림픽을 정치사적 흐름 속에서 조망해 보았다. 두 올림픽에 대한 열기가 상반된 양상을 보이는 현상을 식민지 조선의 '올림픽 민족주의'라는 개념을 통해 알아보고자 한다. 1940년 제12회 도쿄올림픽이 1938년 일제가 개최권을 반납하며 사라졌다는 통념을 깨고, 식민지 조선 사회에서는 그 훨씬 이전부터 이미 존재하지 않은 올림픽이었음을 밝히고자 한다.

이를 통해 정치권력이 올림픽이라는 국제 스포츠 행사를 이용해 시도하는 사회문화적 통제 전략이 민중 사회에 어떻게 작용하는지 그 향방을 선수 – 민중 – 정치권력 – 언론이라는 4자의 상호작용 속에서 규명하고자 한다. 또한 탈정치를 표방하며 '인류의 대축제'로 불리는 올림픽이라는 이벤트가 어떻게 특정 민족집단을 소외시킬 수 있는지 그 정치적 이면을 함께 조명해 본다.

제2장

1936년 베를린올림픽과 손기정

민족의 제전, 나치의 베를린올림픽

올림픽과 정치

올림픽은 정치적, 인종적, 종교적 차별로부터 완전히 자유로워지는 세계에서 몇 안 되는 사업 중 하나이다. 일부 잘못된 사람들은 올림픽이 정치적 도구가 될 수 있다고 생각하는 것 같다. 올림픽에서 미세한 정치적 활동이 허용되는 순간 올림픽은 끝난다.

전 세계에 대공황과 팽창주의의 먹구름이 드리우던 1928년부터 25년간 미국올림픽위원회(AOC) 위원장을 역임했고, 냉전기인 1952년부터 20년간 국제올림픽위원회(IOC) 위원장을 지내며 올림픽의 탈정치를 한결같이 부르짖었던 에이버리 브런디지(Avery Brundage)의 발언이다. 이 말은 올림픽 정신을 금과옥조로 여기며 올림픽이 인류 평화의 대제전임을 밝히고 있다.

그러나 제국주의와 함께 성장해 온 근대올림픽의 역사를 돌아보면 이 말은 아직 미완의 이상으로 남아 있고 앞으로도 계속 그럴 것이다. 올림픽은 세계에서 가장 크고, 따라서 매우 정치적일 수밖에 없는 국가 대항 이벤트이기 때문이다.

근대 이후 국가를 운영하는 정치 엘리트는 스포츠가 정치적 상징조작을 할 수 있는 대표적이고 강력한 수단임을 잘 알고 있고 이를 통치에 활용하고자 했다. 스포츠가 내포하고 있는 정치도구적 성격 때문이다.

다시 말해 스포츠는 정치 엘리트가 현재의 통치 체제를 유지하거나 그 질서를 정당화하는 이데올로기적 장치를 제공하는 비합리적 상징이다. 이 유용한 장치를 통해 정치 엘리트는 사회 내부의 갈등을 은폐 또는 해소하고자 하며, 사회봉합이나 분열 등 여러 가지 정치적 목적을 도모한다. 그러므로 올림픽이라는 초대형 스포츠 이벤트는 정치권력에 이런 스포츠의 정치적 도구성을 최대한 활용할 기회가 된다.

이처럼 정치적 도구성이 가장 높은 스포츠 이벤트인 근대올림픽은 출발 단계부터 정치적 영향에서의 탈피를 추구했고 이 가치를 지키고자 나름의 노력을 기울여 왔다. '근대올림픽

1896년 4월 6일 그리스 파나티나이코 경기장에서 열린 제1회 아테네올림픽 개회식. 고대 그리스 제전인 올림피아제가 근대적인 모습으로 부활했다.

의 아버지'라고 불리는 피에르 드 쿠베르탱(Pierre de Coubertin)은 올림픽 경기를 '국제 친선을 위한 길', '스포츠를 통한 세계 청년들의 화합'으로 소개하며 올림픽의 순수성과 독립성을 강조했다. 또한 올림픽 헌장 제6조에는 '올림픽대회의 경기는 국가 간의 경쟁이 아닌 개인전 또는 단체전을 통한 선수들 간의 경쟁'이라고 명시되어 있다. 명문상 올림픽은 국가대항전이 아니라 개인전이라는 것이다.

그렇다면 선수들의 가슴에 단 국기를 떼고 시상식에 국기 게양과 국가 연주도 없고, 국가별 메달 집계도 없다고 상상해 보라. 국가 간의 경쟁이 아니었다면 오늘날 이렇게까지 세계인의 관심을 받는 이벤트가 아니라 운동선수들끼리의 조촐한 잔치가 됐을 가능성이 크다.

올림픽의 정치적 순수성을 강조했던 창시자 쿠베르탱마저도 근대올림픽을 고안하게 된 계기가 아이러니하게도 조국인 프랑스가 보불전쟁(1870~1871)에서 패배한 것에 자극받아 젊은이들의 스포츠 활동을 통해

근대올림픽의 창시자인 프랑스의 피에르 드 쿠베르탱(1863~1937) 남작

프랑스를 강국으로 만들기 위함이었다. 올림픽은 두말할 것도 없이 각 국가나 사회의 정치적 목적으로 활용될 구조를 가지고 태동한 것이다.

역사상 정치적 도구성이 가장 강했던 올림픽은 단연 1936년 독일의 제11회 베를린올림픽이다. 이 올림픽은 독일의 특수한 사정 속에 개최되었다. 1936년은 아돌프 히틀러로 대표되는 나치가 완벽한 독재 권력을 구축한 이후였다. 1933년 1월 30일 히틀러는 바이마르 공화국의 수상 자리에 올랐고, 1934년 8월 18일 대통령과 총리직을 합치는 '총통직 신설'을 국민투표에 부쳐 88.1%의 지지로 총통 자리에 올랐다. 당시 나치는 전 세계적인 대공황을 맞아 대규모 공공

1936년 베를린올림픽 개회식에서 미국 선수단에 나치 경례를 하는 독일 관중

및 군수 사업을 통해 위기를 성공적으로 극복했고 재무장을 시작했다.

1933년 국제연맹을 탈퇴하고 1935년에는 베르사유 조약을 공식으로 파기한 나치 독일이 재무장 및 군비 증강을 가속하자 유럽은 긴장 국면에 접어들고 있었다.

나치 정권에게 베를린올림픽은 정치적으로 매우 중요한 기회였다. 대외적으로 경제공황 극복의 발전상을 통해 나치의 이데올로기를 공인받아 군사적 팽창 정책의 경계를 완화하고자 했다. 독일 내부적으로는 히틀러의 통치 아래 국가와 전

국민이 일사불란하게 움직여 그 원동력을 공고히 할 세계적인 이벤트였다. 나치 정권의 이러한 야심은 왼쪽 사진에서 잘 드러난다.

민족 경쟁의 장, 베를린올림픽

이러한 정치적 상황 속에 개최된 1936년 제11회 베를린올림픽의 특징은 통상적인 올림픽과는 달리 국가나 개인 단위보다는 민족 단위의 경쟁이 강조되었다는 점이다. 열강의 군비 증강과 식민지 확장은 필연적으로 특정 민족의 흡수 혹은 배제를 동반했다.

당대의 대표적인 군국주의 국가였던 개최국 독일은 국제 우호와 형제애를 상징하는 올림픽과는 반대로 나치의 인종 우월주의와 전투적 민족주의를 표방했다. 올림픽은 나치 슬로건 'Ein volk, ein reich, ein führer(하나의 민족, 하나의 제국, 하나의 지도자)'를 구현하는 데 최적의 무대였다.

당시 유행했던 사회진화론(Darwinism)에 대해 영국과 미국 등은 개인 차원의 적자생존으로 본 반면, 독일에서는 인종 혹은 민족의 적자생존으로 해석했다.

일사불란하게 준비되던 베를린올림픽은 개막 전부터 암초를 만났다. 1935년 9월 15일 뉘른베르크법으로 유대인에 대

핵심 개념

민족(民族)

'민족'이라는 용어는 정의 내리기 매우 어려운 개념이다. 아직 어떠한 정의도 민족에 대해 충분히 설명하고 있지 못하다. 우리말로 민족이란 서양에서 유래한 'nation'과 'volk'를 번역한 것인데 각 의미는 다르다.

'nation'의 개념으로 민족을 정의한 대표적인 학자는 에르네스 르낭(Ernest Renan)이다. 그는 민족이 종족, 언어, 종교, 지리 등에서 비롯된 것이라는 일반적인 견해를 부정하고 하나의 민족은 하나의 영혼이며 '정신적인 원리'로 규정했다. 따라서 위대한 인물들, 영웅적인 역사적 사건 같은 것들은 민족적인 사고의 토대를 두고 있는 자산이다.

독일 계열의 학자들은 'volk'의 개념을 빌려 민족을 종족, 조상, 종교, 언어, 문화, 영토, 관습 등 공통의 역사적 사회적 가치를 소유한 원초적인 유대 관계를 강조하는 '종족적 형태'로 보았다.

제11회 베를린올림픽에서 나치 독일이 사용한 '민족'은 인종에 가까운 'volk'의 개념이다. 하지만 식민지 조선에서 받아들인 '민족'은 'nation'에 가까운 개념이다.

* 박찬승, 2010, 『민족·민족주의』, 小花 참조

한 차별을 명문화한 것을 전후하여 영국, 미국, 프랑스 등 주요 국가들은 "독일이 비무장지대 라인란트(Rheinland) 파병이나 유대인에 대한 인종차별 정책을 철회하지 않으면 올림픽에 참석하지 않겠다"고 하여 보이콧 논란이 생겼다. 올림픽 역사상 처음 있는 보이콧 운동이었다.

당시 보이콧 운동은 미국, 영국, 프랑스 등에서 가장 거세게 일어났는데 특히 1935년 여름 갤럽 여론조사에 따르면 전체 미국인의 43%가 "미국이 베를린올림픽을 보이콧하기를 원한다"라고 했다. 그러나 당시 미국올림픽위원회 위원장이었던 에이버리 브런디지는 이러한 움직임에 대해 "보이콧은 올림픽에 대한 정치적 개입이다", "유대인과 공산당의 음모에 불과하다"라는 논리로 미국 내 반대 여론을 무마했다. 올림픽의 탈정치를 일관되게 주장했던 브런디지의 이러한 논리는 "나치 올림픽에 참가한 것 자체가 나치 정권을 도운 정치적 행위"라는 비판을 현재까지 받고 있다. 이는 올림픽의 탈정치가 구조적으로 불가능함을 극명하게 보여주는 사례다.

결국 베를린올림픽은 독일의 뜻대로 진행됐다. 독일은 라인란트에 보낸 병력을 철수시키지 않았고 유대인에 대한 차별 정책도 철회하지 않았다.

원칙적으로 유대인은 독일의 국가대표 선수가 될 수 없었다. 반발을 의식한 나치 정권은 유대인의 독일 대표 선발 금지의 예

1935년 12월 3일 뉴욕에서 베를린올림픽 보이콧 집회가 열린다는 내용의 벽보를 보고 있는 행인

출처: National Archives and Records Administration, College Park, MD

외를 만들기도 했다. 1928년 암스테르담올림픽 펜싱 금메달리스트인 헬레네 마이어(Helene Julie Mayer)는 베를린올림픽에 참가한 유일한 유대계 독일 선수였고 펜싱에서 은메달을 획득했다. 뉘른베르크법은 어머니가 유대인인 경우만 유대인으로 정의하기 때문에 아버지가 유대인인 마이어는 법을 피할 수 있었다. 마이어의 출전은 IOC나 브런디지가 이끄는 미국올림픽위원회가 베를린올림픽 보이콧 운동에 반박하는 논리로 활용됐다. 그러나 이것은 극히 드문 예외였다. 베를린올림픽에서는 유대인뿐만 아니라 흑인 등 유색인종에 대해서도 언론통

인물

에이버리 브런디지
(Avery Brundage, 1887~1975)

20세기 국제 스포츠계에 가장 강력한 영향력을 행사한 스포츠 지도자 중 하나로 제5대 국제올림픽위원장(1952~1972)과 미국올림픽위원장(1928~1953)을 역임하였다. 1912년 제5회 스톡홀름올림픽 5종경기와 10종경기에 출전한 첫 선수 출신 IOC 위원장이다. 올림픽의 상업화에 반대하여 프로선수의 참가를 막고 아마추어리즘을 고수한 것으로 유명하다.

브런디지는 올림픽의 탈정치에도 엄격했다. 독일 나치 정권이 개최한 1936년 제11회 베를린올림픽에 대한 미국 내 보이콧 운동을 차단하는 데 앞장섰다. 1968년 제19회 멕시코시티올림픽 남자 200m 시상대에서 검은 장갑을 끼고 인종차별에 항의하는 두 미국 흑인 선수를 올림픽에서 퇴출했다. 1972년 제20회 뮌헨올림픽 당시 '검은 9월단' 사건으로 이스라엘 선수단 11명이 테러에 희생됐지만 "게임은 계속 되어야 한다"며 올림픽을 강행했다. 평생을 올림픽의 탈정치에 힘썼지만 앞선 사건들로 인해 일각에서는 '반유대주의자', '인종차별주의자'라는 비판을 받고 있다.

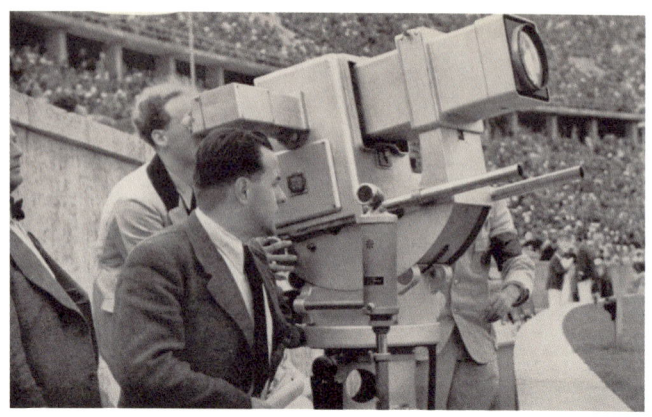

(위) 1936년 베를린올림픽 당시 텔레비전 중계 카메라
(아래) 청년들이 집결해 있는 베를린 루스트가르텐에 도착한 올림픽 성화

제가 진행되었다.

올림픽의 정치적 도구성을 극대화하기 위해 나치의 선전장관 요제프 괴벨스(Paul Joseph Goebbels)는 영화, 집회, 언론 등을 활용하여 대중 여론을 조작·선동했다. 이 과정에서 베를린올림픽은 각종 '올림픽 최초'의 기록을 남겼다.

나치가 추구하는 '새로운 독일'을 고대 유럽사 속으로 편입시킨 성화 봉송, 'Ich rufe die Jugend der Welt(전 세계의 젊은이들을 부릅니다)'를 새겨 넣은 올림픽 종(鐘), 기업 후원 표시, 흑백텔레비전 영상 송출 및 3억 명이 청취한 라디오 중계, 기록영화 제작 등을 올림픽 사상 최초로 선보였는데, 이는 올림픽이 국가 기구의 선전술로 활용된 가장 극적인 사례로 손꼽힌다. 그리고 이것은 '나치제(製)'라는 불쾌함에도 불구하고 지금까지 모든 올림픽에서 이어오고 있다.

올림픽은 더 강한 권력의 편인가?

나치가 올림픽으로 정치적 목적을 달성했다는 데에는 큰 이견이 없다. 그런데 베를린올림픽에서 마지막으로 한 가지 짚고 넘어가야 하는 아이러니가 있다. 올림픽의 정치성에 관한 또 다른 속성이다.

한국 학계와 이유는 좀 다르지만, 서양 역사학계에서도 올

1936년 베를린올림픽 육상 200m에서 역주하는 미국의 흑인 선수 제시 오언스

림픽 연구 중에 가장 큰 비중을 차지하는 게 1936년 베를린 올림픽에 관한 것이다. 오랜 기간 베를린올림픽을 연구한 서구 학계의 최대 쟁점은 '나치 올림픽이 나치 체제 선전의 승리였나, 아니면 제시 오언스(James Cleveland Owens) 등 흑인 운동선수들이 나치의 인종 교리를 암묵적으로 반박하는 계기가 되었나?'였다.

나치는 철저하게 인종차별과 체제 선전에 심혈을 기울였다. 그런데 이것이 그들의 의도와 정반대로 또 다른 인종의 활약을 돋보이게 했다.

베를린올림픽 육상 4관왕 미국의 제시 오언스가 귀국 후 뉴욕 맨해튼에서 축하 카 퍼레이드를 하는 모습. 차별 받던 흑인이 올림픽을 통해 미국 사회의 영웅으로 떠오른 상징적인 장면이다. 출처: Getty Images

이 대회에서 세계 언론의 가장 뜨거운 주목을 받은 두 선수는 육상 4관왕을 차지한 미국의 흑인 선수 제시 오언스와 일본 국적으로 마라톤에서 우승한 식민지 조선 출신 황인종, 손기정이었다.

제시 오언스의 우승은 서구사회에서 극심한 차별을 받던 흑인의 지위 향상에 선구적인 역할을 했다. 손기정의 우승에 대한 서구 언론의 관심사는 일본제국의 식민지민이라는 소수자성이 아니라 백인이 아닌 마라톤 우승자라는 인종적 관점이었다. 서구사회에서 열등한 존재로 인식되던 황인종의 승리라는 신선한 메시지와 함께 한반도에서는 억압받는 식민지 민중에게 강렬한 민족주의적 신드롬을 일으켰다.

모든 정치가 지배권력이 의도한 방향으로 전개되지 않는 원리처럼 정치적 도구성이 강한 올림픽 역시 기존 지배 질서에 대한 저항이라는 또 다른 정치적 결과를 촉발하기도 한다. 이는 브런디지 등이 주장한 올림픽의 탈정치성, 평화, 평등 같은 이상적 가치에서 기인한다고 일각에서는 분석한다. 그러나 본질적으로는 올림픽 자체에 내재한 정치성이 지배 – 피지배 같은 특정 관계를 형성하고 있는 집단 사이의 작용 – 반작용을 거쳐 고도화된 결과임을 역사상 가장 정치적이었던 베를린올림픽을 통해 확인할 수 있다. 다시 말해, 올림픽의 정치적 도구성은 현실 세계에서 더 강력한 정치권력의 편에서만 작동하는 것은 아니라는 것이다.

올림픽에서 표출되는 사회정치적 억압과 저항은 사안에 따라 올림픽 이념의 기본 원칙처럼 인종, 언어, 종교, 민족 등에 의한 차별 금지와 인간의 존엄성 보존을 추구하는 평화로운 사회 건설에 기여할 수도 있고, 분쟁의 목적을 극대화하려는 정치 세력에게는 호기로 악용되기도 한다.

현대에 들어서도 이를 뒷받침하는 사례는 끊임없이 이어진다. 1968년 제19회 멕시코시티올림픽 남자 육상 200m에서 미국의 흑인 선수 토미 스미스(Tommie Smith)와 존 카를로

(위) 1968년 제19회 멕시코시티올림픽 남자 육상 200m에서 각각 1위와 3위를 차지한 미국 대표팀의 흑인 선수 토미 스미스와 존 카를로스
출처: 국제육상경기연맹(iaaf.org)

(아래) 토미 스미스와 존 카를로스의 모교 캘리포니아 산호세주립대(San José State University) 교정에 세워진 시상식 재연 동상 'Olympic Black Power Statue'
출처: 허성호

스(John Carlos)는 각각 1위와 3위를 차지한 후 시상대에서 미국 내 인종차별에 항의하는 세리머니, 이른바 '블랙 파워 설루트(Black Power Salute)'를 감행했다. 당시 IOC 위원장 브런디지는 두 선수를 올림픽에서 퇴출했다. 올림픽의 정치화 논란에도 불구하고, 시간이 흘러 이 사건은 올림픽 역사상 가장 강력했던 민권 저항운동으로 재평가받고 있다.

차기 대회인 1972년 제20회 뮌헨올림픽에서는 역대 올림픽 사상 최악의 테러 참사가 발생했다. 팔레스타인 무장단체 '검은 9월단' 조직원들이 이스라엘 선수단 11명을 살해한 것이다. 이스라엘과 팔레스타인의 전장이 올림픽으로 옮겨진 것으로, 이 갈등은 수많은 희생자를 낳은 채 현재도 진행 중이다.

이처럼 수많은 정치집단이 다양한 목적과 방법으로 올림픽에 접근한다. 그러나 그 결과가 특정 정치집단이 의도하는 대로 흘러가는지 그 향방은 섣불리 예측할 수 없다.

식민지 고교생 손기정 신드롬

민족주의자 세계 챔피언

베를린올림픽 8일차인 1936년 8월 8일 오후 5시 30분, 『조선일보』 도쿄지국에서 지국장 김동진은 수화기 너머로 흥분한 목소리의 소신 청년과 통화 중이었다.

김동진   손 군이요? 여기는 조선일보사 도쿄지국인데 전 조선이 모두 듣고 싶어 하는 손 군의 이야기를 듣고자 전화를 걸었소.
손기정   네! 고맙습니다. 반갑습니다. 뭐 이렇게 먼 데 전화까지 걸어주세요!
김동진   그래, 원기는 어떻고 올림픽 대회장에 서 있는 감상은 어떻소?

손기정 원기는 왕성한 타이니 안심하십시오. 어쩐지 고국을 떠나서 아주 낯선 데 와 있다가 돌연 이렇게 동포의 말씀을 듣게 되니 얼마나 반가운지 모르겠습니다. 우리들 일곱 명 조선인 선수들은 모두 다 튼튼히 잘 있습니다. … 그동안 조선에서는 아는 분, 알지 못하는 분을 막론하고, 여러분들이 보내오는 전보와 편지며 또 귀중한 물품까지 거의 매일 같이 많이 받는데 생각하면 동포들의 열정에 눈물이 나도록 감사해집니다.

김동진 … 우리의 기대를 저버리지 말고 이전부터 내려온 조선 남아의 기질을 한번 용감히 나타내시오.

손기정 네! 감사합니다. 물론 고국 동포들의 기대를 어찌 소홀히 하겠습니까. 그러나 제힘을 다하다 못하는 때야 천운에 맡기는 수밖에 있겠습니까. 만일 승전하게 된다면 여러 동포들의 정성을 다한 성원 때문인 줄로 믿고 그저 전력을 다하겠습니다.

김동진 그런데 그동안 먹는 것은 어떻소?

손기정 먹는 것도 조금도 고통이 없이 쌀밥도 먹고 양식도 먹는데 조선에서 보내주신 고추장과 마늘장선을 아주 맛있게 먹고 있습니다. 김치까지 있었으면 아주 제법이겠는데요! (웃으면서)

김동진   전화 예약 시간도 다 되었다는데 한 마디 더할 것은 없소?

손기정   더 할 말은 없습니다. 그저 조선 동포들에게 힘껏 싸우겠다고만 전해 주십시오.

『조선일보』, 「금일의 결전을 앞두고 전화통에 불려나온 우리 손 군」, 1936. 8. 10.

  이 청년은 1936년 제11회 베를린올림픽의 하이라이트인 마라톤 종목에 출전한 양정고보 재학생 손기정이었다. 경기를 하루 앞두고 한글 신문 『조선일보』에서 마라톤 입상의 전망이 밝았던 손기정을 국제전화로 인터뷰한 것이다. 이는 현존하는 사료 중 경기 출전에 가장 가까운 시점에 손기정을 직접 취재한 기록으로 평가받는다.

  출전 직선 손기정의 발언 속에서 발견되는 가장 큰 특징은 국가대표로서의 인식보다는 민족대표로서의 자각이다. '우리들 일곱 명 조선인 선수들'의 안부, 소홀히 할 수 없는 '고국 동포들의 기대', '조선 동포들에게 전하는' 힘껏 싸우겠다는 다짐에서 식민지 조선인들을 대표한다는 의식을 찾아볼 수 있다. 누군지 알지도 못하는 수많은 조선인들의 응원이 쏟아지고 있었다. 이 응원의 근원은 '같은 조선 사람'이라는 민족의식이었다.

(좌) 1936년 베를린올림픽 마라톤 경기에서 25km 반환점을 도는 손기정과 영국선수 하퍼. 손기정의 오른쪽 가슴에 일장기가 보인다.
(우) 손기정이 결승선을 들어오는 모습. 그의 우승 장면을 담은 다양한 각도의 사진이 있지만, 생전에 손기정은 일장기가 보이지 않는 이 각도의 사진을 선호했다.

 이 전화 통화 후 하루가 지난 8월 9일 오후 3시(조선 시간 밤 11시), 베를린올림픽 주경기장에서 시작된 마라톤 경기에서 충격적인 사건이 벌어졌다. 조선 민중의 기대를 한 몸에 받고 있던 손기정이 정말 2시간 29분 19초 2의 올림픽 신기록으로 세계를 제패한 것이다. 게다가 또 다른 조선 청년 남승룡(南昇龍)이 3위로 동메달을 차지했다. 공식적으로 이 둘은 일본 국가대표팀 선수였고, 실제로는 식민지 조선인이었다. 이러한 신분의 불일치는 즉각적으로 식민지 사회에 거대한 후폭풍을 몰고 왔다.

조선에서 불어온 민족주의 신드롬

손기정의 우승은 식민지 조선에 민족주의 신드롬을 불러왔다. 무엇보다도 3·1운동 이후에 금기시되어 온 '민족'을 상징하는 어휘들이 '손기정'이라는 올림픽 영웅을 매개로 하여 여과 없이 미디어를 통해 분출되었다. 손기정이 베를린올림픽에서 우승했을 때 조선인들의 반응을 당대의 신문 및 잡지에 수록된 표현을 중심으로 살펴보자.

우선 주목해야 할 점은 주인공인 손기정 자신이 베를린올림픽 우승 직후 표출한 민족주의적 정서이다. 우승 다음 날인 8월 10일, 손기정은 『조선일보』 도쿄지국장 김동진과 다시 한 번 국제전화로 만났다.

김동진　여보! 손 군이요? 여기는 조선일보 도쿄지국이요. 어떠우? 얼마나….
손기정　네! 기정입니다.
김동진　명예의 승전을 뭐라고 축하해야 좋을지 모르겠소. 얼마나 기쁘오? … 손 군? 손 군? 손 군!

1936년 베를린올림픽 마라톤 경기 시상식. 우승자 손기정(가운데)과 3위 남승룡(왼쪽)이 고개를 떨구고 있다. 남승룡은 "손기정이 1등을 해서 부러운 게 아니라 일장기를 가릴 묘목을 가져서 부러웠다"고 술회했다. 앞서 소개한 1968년 제19회 멕시코시티올림픽에서 '블랙 파워 설루트'를 감행한 토미 스미스는 이 시상식 장면에서 영감을 얻었다고 밝힌 바 있다.

몇 마디 계속하여 불러도 대답이 없다. 다시 "손 군! 안 들리오?" 하고 전화의 고장이 아닌가 하고 물었더니 그때야 "네…" 하고 대답하는 소리를 들으니 울음에 엉킨 말소리가 분명하였다. 계속하여 손 군의 흐느끼는 울음소리만이 흘러온다.

김동진　조선 내에서는 군의 우승을 축하하는 소리에 가득 찼소.
손기정　고맙습니다. 남형과 내가 이긴 것만은 다행이오. 기쁘기도 기쁘나 실상은 웬일인지 이기고 나니 기쁨보다도 알지 못할 설움만이 가슴에 북받쳐 오르며 울음만이 나옵니다. 남형도 역시 나와 같은 모양입니다. 그래서 우리 둘이서 사람 없는 곳에 가서는 남몰래 서로 붙들고 몇 번인가 울었습니다. 고국에서도 기뻐야 하겠지요. 이곳에 있는 동포들도 무한히 기뻐하는 모양인데 우승했다고 반기며 축하하는 말을 들으면 그 말을 들을수록 눈물만이 앞섭니다.
김동진　조선에서는 군들의 전승에 대하여 조선의 새 영웅을 맞는 느낌이오.
손기정　감사합니다. … 고국의 여러분들이 이번에 이겼다고 자꾸만 저를 높여준다니 그것만은 그러지 않았으면 좋겠습니다. 그런 말을 들으면 웬일인지 설움만 더 나고 가슴이 무거워만 집니다.

김동진   그동안 감상을 좀 더 이야기해 주시오. 경기할 때는 어떠했소?

손기정   … 만일 내가 남형과 같이 이 싸움에 이기지 못했다면 조선 사람의 꼴이 무엇이 되었겠으며 조선 선수의 형편이 어찌 되겠습니까. 과연 나는 이번 대회에 싸움은 작전보다도 정신이 제일임을 더욱 절실히 깨달았습니다. 이 정신이 이번의 나를 이기게 해서 명예의 월계관을 쓰게 한 것이라고 믿습니다. 이번에 우승의 상으로 받은 월계수는 나를 길러낸 우리 양정고보에 가져다 심겠습니다.

『조선일보』, 「세계 제패한 영웅의 가슴도/ 뜨거운 흥분 식자 쓸쓸한 애수/ 마침내 우승은 했으나 웬일인지 울고만 싶소/전파에 흘러온 손 군의 제일성」, 1936. 8. 11.

전날 통화에서 출전 직전의 흥분을 감추지 못했던 손기정은 우승 직후 기쁨을 주체하지 못하는 통상적인 올림픽 우승자와는 다른 반응을 보였다. 운동선수 개인으로서는 그토록 열망하던 세계 제패를 달성하였으나 '알지 못할 설움'에 동료 남승룡과 눈물을 흘려야 했고, "이 싸움에 이기지 못했다면 조선 사람의 꼴이 무엇이 되었겠냐"며 가슴을 쓸어내리기도 했다. 그것이 손기정을 우승으로 이끈 '정신'이었다. 경기 전과 후 공통적으로 손기정은 조선 민족을 대표한다는 민족적 정체성을 여과 없이 드러냈다.

    손기정의 올림픽 우승에 당시 발행 부수 1, 2위를 달리던 한글 신문 『조선중앙일보』와 『동아일보』에 각각 게재된 심훈과 서항석의 우승 기념시는 당시 조선 사회의 지배적인 정서를 보여준다.

그대들의 첩보를 전하는 호외 뒷등에
붓을 달리는 이 손은 형용 못 할 감격에 떨린다!
이역의 하늘 아래서 그대들의 심장 속에 용솟음치던 피가
이천 삼백만의 한 사람인 내 혈관 속을 달리기 때문이다.

〈이겼다〉는 소리를 들어보지 못한 우리의 고막은
깊은 밤 전승의 방울 소리에 터질 듯 찢어질 듯.
침울한 어둠 속에 짓눌렸던 고토의 하늘도
올림픽 거화(炬火)를 켜든 것처럼 화다닥 밝으려 하는구나!

오늘 밤 그대들은 꿈속에서 조국의 전승을 전하고자
〈마라톤〉 험한 길을 달리다가 절명한 〈아테네〉의 병사를 만나 보리라.
그보다도 더 용감하였던 선조들의 정령이 가호하였음에
두 용사 서로 껴안고 느껴느껴 울었으리라.

오오, 나는 외치고 싶다! 마이크를 쥐고
전 세계의 인류를 향해서 외치고 싶다!
"이제도 이제도 너희들은 우리를
 약한 족속이라고 부를 터이냐!"

심훈, 「오오, 조선의 남아여!
- 베를린 마라톤에 우승한 손, 남 양군에게」

지화자 좋을시고 이겼구나 이겼구나
형아 아우야 이천만 다 나와서
승전고 두리둥치며 어깨것고 춤추자

기정아 승룡아 너희 보내고 죄든 가슴
이 아침 터져나니 한바탕 환호로다
3천리 자던 강산 함께 깨어 울린다

동해물 백두산이 길러준 잎이 예뻐
오늘에서야 뽐내 보니 두려울 것 전혀 없다
세계도 우리 억센 줄 알았는가 하노라

지화자 좋을시고, 팔 걷고 다 나오라
빛나던 옛 조선에 우리 아니 그 자손이

이후엔 세계무대를 활개 치며 가리라

서항석, 「손·남 양군 승전사」

　당대 조선의 정상급 인기 작가였던 심훈은 손기정의 마라톤 우승을 한 개인의 승리가 아니라 '이천 삼백만' 민족의 승리로 평가했다. 그가 바라본 민족의 현실은 '이겼다는 소리를 들어보지 못한', '침울한 어둠 속에 짓눌렸던 고토'처럼 암울했다. 그럼에도 '아테네 병사보다 더 용감하였던 선조들의 정령'이 두 선수를 지켜줬다는 것이다.

　서항석 역시 손기정의 쾌거가 민족적 사건임을 '이천만', '3천리', '동해물 백두산' 등의 어휘로 표현하고 있다. 손기정의 쾌거가 이 민족의 '3천리 자던 강산'을 깨웠고 이후 '빛나던 옛 조선'의 자손들이 세계무대에서 더 활약할 것이라는 희망을 표현했다.

　두 시 모두 조선 민족을 '약한 족속'이라며 식민지배를 정당화하는 현실, 그리고 우리가 억센 민족인 줄 몰라준 세계에 대한 민족적 항변이었다. 그 근거이자 매개물은 올림픽이었다.

　또 하나의 한글 신문 『조선일보』의 사설도 손기정과 남승룡의 활약에 관한 논평에서 강한 민족적 정서를 표출했고 '수평운동(水平運動, 일제강점기에 형평사를 중심으로 천민 계급의 지위 향상을 위하여 전개한 혁신적 사회 운동)'이라는 강도 높은 사회변

혁적 용어까지 사용하며 조선인의 우수성이 다른 분야로 확산하길 염원했다.

> 우리 손 군이 1착을 하고 남 군마저 3착으로 승리의 월계수를 받은 것은 손, 남 양군의 영예일뿐 아니라 2500만 조선 민족의 대역사적 광영이라 안 할 수 없다. …
> 우리는 이번 손, 남 양군의 승리로써 민족적 일대 영예를 얻은 동시에 민족적 일대 자신을 얻게 되었다. 즉 조선의 모든 환경은 불리하다 하더라도 우리의 민족적으로 받은 천품(天稟)은 어느 다른 민족보다 앞설지언정 뒤지지 않았으며 노력만 하면 무엇이라도 성취할 수 있다는 것이다.
> 우리는 이미 스포츠에 있어서 세계의 반열에 참석할 자격을 얻었거니와, 우리는 금후(今後) 문화적 도덕적 기타 온갖 방면에 있어서도 세계적 수준에 달할 날이 있을 것을 믿는 것이다. 세계 올림픽대회 마라톤 경기에서 영예의 월계관을 받은 손 군 및 남 군의 장거를 축하하고 이것을 기회로 스포츠 기타 온갖 방면에 일대 세계적 수평운동이 일어나기를 바라는 바이다.
> 『조선일보』, 사설 「조선 남아의 의기」, 1936. 8. 11.

"전 조선 민중이 열병에 걸린 것 같이 이 명예에 취했다"는 당대 인기 월간지 『삼천리』의 표현처럼 조선 팔도의 흥분은 각종 기념사업 붐으로 이어졌다. 각지에서 기념 마라톤대회가 열렸고, 손기정의 세계 제패 기념 체육관을 지으려 했으며 스포츠 조선의 세계 제패 기념 노래를 공모하기도 했다. 각 신문사와 손기정, 남승룡의 집으로 축전과 성금이 전국에서 답지했고 군중들은 구름처럼 몰려들어 각종 우승 축하 군중대회를 열었다.

이러한 사회 분위기의 시작점은 1930년대 들어 일제가 조선에서 맞닥뜨린 현실과 밀접한 관련이 있었다. 일제는 1929년 세계 대공황, 1930년 농업공황 등에 직면하여 경제적 위기를 겪게 되었다. 경제를 더욱 통제했고, 조선 내의 민중운동과 사회주의운동 탄압, 치안유지법 개정 등으로 사상통제도 강화했다. 이른바 '내선융화(內鮮融和)'라는 구호 속에서 파시즘 체제로 나아가는 정신주의·사회교화정책의 강화를 동반했다.

이러한 흐름을 바탕으로 1932년에 조선사편수회에서 『조선사(朝鮮史)』를 간행하고 1933년 8월에 「조선보물고적명승천연기념물보존령(朝鮮寶物古蹟名勝天然記念物保存令)」을 포고하는 등 조선 역사·문화의 장악을 통해 이데올로기 지배의 정책적 기반을 마련했다. 일제가 주입한 식민사관의 핵심인 이른바 '타율성론', '정체성론'이라는 의식은 이 시기에 더욱 강화됐다. 타율성론이란 한국사 또는 한국문화의 발전에는 주체성이 없어 독자적인 발전이 불가능하다는 것이고, 정체성론이란 한국사에는 내적 발전이 없어 조선은 낙후된 사회라는 것이다. 한마디로 한민족은 근대사회로 넘어갈 만한 주체적인 역량을 갖추지 못했기 때문에 일본의 식민지배에 의해 발전을 도모하는 게 숙명이라는 이론이다. 이것은 당시의 실생활에서 일본인에게는 조선인을 멸시·차별하는 근거가 되었고 조선인에게는 열등감과 민족적 허무주의에 빠지는 근거가 되었다.

스포츠라는 분야는 선수의 민족이나 국적, 계급, 성별보다 우선적으로 업적 자체로 평가를 받는 영역이다. 그리고 식민지인들은 민족의 업적이 세계적으로 인정받은 사실에 열광하였다. 손기정의 우승은 가장 우수하다는 민족들이 우승열패를 가리는 경기에서 일제의 견고한 숙명론을 무너뜨린 민족적 사건이 되었다. 이것은 조선에서도 가장 변방으로 꼽히는 서북 지방 신의주의 극빈층 출신 고교생이 두 발로 이뤄낸 결과였다.

이미 끓고 있던 조선의 민족주의

1936년 8월 베를린올림픽 중에 조선에서 폭발한 민족주의를 '손기정의 금메달'이라는 독자적인 사건만으로 단순화하기엔 무리가 있다. 올림픽을 향한 식민지 조선의 민족주의는

1928년 전주 덕진운동장에서 열린 전조선자전차경기대회에서 우승한 엄복동(앞줄 깃발 든 사람) 출처: 체육발전연구원

베를린올림픽 이전부터 조금씩 끓어오르고 있었다.

1913년 4월 13일 전조선자전차경기대회에서 일본인들을 누르고 우승한 조선의 자전거 영웅 엄복동(嚴福童) 이래 조선인 입장에서는 스포츠가 식민지민의 굴욕감을 털어내는 좋은 기회가 되었다. 이것이 식민종주국의 우월성을 드러내려는 일본인의 욕망과 충돌하여 숙명의 한일전은 한국 스포츠 민족주의의 근간이자 최고의 흥행카드가 되었다.

1932년 제10회 LA올림픽 때 비로소 조선인은 일본 국적

1932년 제10회 LA올림픽 마라톤에 일본 대표로 출전한 조선인 김은배(좌), 권태하(우)

    으로 올림픽에 처음 출전할 수 있었다. 첫 올림픽에 대한 민족적 기대는 마라톤 종목에 집중되었다.

    올림픽 본선 석 달 전인 1932년 5월 25일, 일본 도쿄에서는 제10회 LA올림픽 마라톤 종목에 일본 국가대표로 출전할 선수를 결정하는 제2차 대표선발전이 열렸다. 조선인들의 이목은 조선인 권태하(權泰夏)와 김은배(金恩培)에게 쏠렸다. 권태하는 5월 8일 열린 제1차 조선 대표선발전에서 2시간 35분 12초로 우승했는데, 경기 이틀 전 을지로 노상에서 훈련 중에 일본인 교통순사의 이유 없는 구타와 연행으로 부상을 입어 출전이 불투명하던 차에 이룬 쾌거였다. 양정고보 재학생이었던 김은배는 전년도 조선신궁마라톤대회에서 2시간 26분 12초라는 세계신기록을 세운 기대주였다.

제2차 대표선발전에서 이틀 전까지 발열로 고생하던 권태하가 2시간 26분 50초로 1위, 김은배가 2시간 37분 59초로 2위로 골인했다. 꿈의 무대 올림픽 출전을 걸고 벌인 경기에서 조선 선수들이 일본 선수들을 제치고 1~2위를 석권하자 기대감은 크게 고조되었다. 이에 대해 한글 신문들은 "운동계뿐만 아니라 우리 조선 민족으로서 다 같이 경하할 일"이라며 흥분을 감추지 못했다.

> 세계올림픽대회 제2장거리 예선급 전일본선수권대회에 전 일본에서 선수된 선수들을 우세로 압도하고 제1착의 영예를 획득한 권태하 군의 첩보는 조선체육계에 일찍이 없었던 용동(聳動)을 일으킨 근래의 통쾌한 일이다. 더욱이 이에 더하여 제2착의 영예를 획득한 선수가 조선인 선수 김은배 군인 것은 더욱 조선인의 영예를 더하는 것으로 반도남아의 의기를 세계에 토하는 일대장관이라 할 것이다.
> 또한 이 사실은 단순히 체육계라는 협소한 사회권 내에 한정된 반도남아가 던진 파문일 뿐만 아니라 조선 문화의 수준, 특히

조선인이 한 개의 민족으로서 체질적으로 모든 인종에 비하여 손색이 없는 것을 제시하는 분명한 재료가 된다는 점에 의의가 있다 할 것이다. … 권, 김 양군은 훌륭히 세계올림픽대회에 출진하고 로스앤젤레스에 모인 전 세계에서 정선된 선수 간에 섞여서 일찍이 조선인으로서 있어 보지 못한 반도남아의 의기를 토하게 된 것이다. 우리는 이에 양 선수의 가는 길에 광영이 길어짐으로써 조선인의 광휘(光輝)와 존재의 가치에 더욱 의의를 크게 줄 것을 진심으로 축원하는 바이다.

『조선일보』, 사설 「반도남아의 의기」, 1932. 5. 27.

전 일본의 선수가 한자리에 모인 대회에서 수천의 선수를 압도하고 조선 청년이 제1, 제2위를 전부 독점하였다는 것은 이미 조선 청년의 영예이거니와 이제 세계의 전 선수가 집합한 세계올림픽대회에 조선 청년이 그 웅장한 자태를 나타내게 된 것은 오직 권김 양군의 영예일 뿐 아니라 조선 민족의 광영이라 않을 수 없다. 과거 여러 대에 걸쳐 비록 은둔문약(隱遁文弱)의 폐에 빠져 민족적 위축의 운명에 빠졌다 할지라도 이 같은 숨은 세계적 선수가 있었다고 하는 것은 실로 조선 민족의 혈관에 대륙적 민족의 혈액이 뛰놂을 알 수 있으니 이는 조선의 자랑이요, 조선의 영예다.

『동아일보』, 사설 「조선 청년의 세계적 진출」, 1932. 6. 2.

일개 종목의 올림픽 예선 통과에 불과했음에도 당시의 한글 신문들은 앞다투어 사설란까지 할애해 '조선 민족의 문화 수준이 세계와 견주어 손색이 없다', '조선 민족의 혈관에 대륙적 민족의 혈액이 뛰논다'고 선언할 정도로 조선인에게 첫 올림픽은 단순히 운동경기를 넘어 민족의 정체성과 자부심을 확인하는 기회로 다가왔다.

비록 올림픽 본선에서는 김은배가 6위, 권태하가 9위에 머물렀지만 바로 이듬해에 양정고보 재학생 손기정이 국내대회에서 비공인 세계신기록을 세우며 화려하게 등장해 세계 제패에 대한 열망을 자연스럽게 이어갔다.

손기정은 권태하, 김은배가 1932년 올림픽 마라톤 제2차 일본 대표선발전에 출전했을 당시 5,000m 종목에 출전했던 중장거리 선수였다. 손기정이 마라톤 선수로 변신한 데에는 LA올림픽에 출전했던 권태하의 권유가 있었다.

사실 권태하에게 조선인으로 처음 출전한 올림픽은 모욕과 시련의 연속이었다. 앞서 일본인 교통순사의 폭행으로 얻은 부상과 이후 극심한 몸살을 극복하고 소중한 올림픽 출전권을 얻은 권태하는 조선인들의 열망을 한 몸에 받으며 고국을 떠났다.

그런데 부산을 떠나 일본 시모노세키로 향하던 1932년 6월 14일, 관부연락선 안에서 술 취한 일본 경찰에게 무차별

폭행을 당했다. 권태하는 피를 흘리면서 "올림픽에 가야 하니 때리지 말아 달라"고 애원했고 "잘못했다고 말하라"는 경찰관의 호통에 영문도 모른 채 잘못했다고 빌어야 했다.

LA 현지에 도착해서도 시련은 계속됐다. 일본 마라톤팀은 조선인 선수들을 코스 답사에서 배제하고 코스에 적합한 육상화도 제공하지 않았다. 일본인 코치 겸 선수 쓰다 세이치로(津田晴一郎)는 대표선발전에서 1, 2위를 차지한 조선 선수들에게 자신의 페이스메이커 역할을 지시했다. 권태하는 이에 응하지 않았고 결국 5위에 그친 쓰다는 경기 후 언론 인터뷰에서 조선인 선수들을 탓했다.

분개한 권태하는 일본대표팀에서 이탈해 LA에 남아 USC(남가주대) 체육학과에 진학했다. 그리고 중장거리 선수였던 후배 유망주 손기정에게 마라톤 종목으로 전향해 베를린 올림픽에 도전할 것을 권하는 편지를 썼다.

마라톤을 본격적으로 시작하자마자 비공인 세계신기록을 세우며 화려하게 등장한 손기정은 1935년에도 두 번 더 세계기록을 달성했다. 다가올 올림픽에서 조선인 선수들에 대한 민족적 기대감은 자연스럽게 고조되었다. 손기정의 세계기록 수립으로 마라톤이 다시 신문의 사설란을 장식했다.

··· 이번에 우리 손 군은 이 세계최고기록을 5분 23초나 단축해

넉넉히 깨트려 버리고 새로 훌륭하게 세계최고기록을 작성한 것이다.

육상경기에 많은 종목이 있지만 마라톤은 그중에서 가장 장쾌한 것이니 그것은 기교보다도 혼신의 역량을 가장 적당하게 표시할 성질의 것으로 참으로 인체의 건전한 발달을 표시하는 것이라고 할 수 있으니 우리 조선 스포츠계가 육상의 이 경기에 있어서 이와 같은 탁월한 성적을 나타내서 스포츠 세계로 하여금 아연케 했다는 것은 우리 조선 사람의 체질이 세계에서 어느 민족에게나 뒤지지 않게 우수하다는 것을 표시한 것이라고 봐서 틀림없다고 생각되는 바이다. 내년의 세계올림픽대회에 있어서 우리 선수들의 용양호박(龍攘虎搏)의 기세는 지금부터 능히 상상할 수 있는 바이니 우리는 선수 제군이 견인불발(堅忍不拔)하는 태도로 정진해서 유종의 미를 이루길 바라는 바이고, 지금의 결과만으로도 충분히 세계 전체를 향해 우리 성적을 자랑할 수 있다는 것을 생각할 때에 우리로서는 참으로 쾌재를 부르지 아니할 수 없는 바이다.

『동아일보』, 사설 「세계 최고 마라톤 기록 조선 스포츠계의 쾌사」, 1935. 3. 23.

그리고 베를린올림픽의 해인 1936년이 밝아왔다. 새해 벽두부터 『동아일보』에는 「스포츠 조선의 청춘을 올림픽 종은

1936년 1월 1일 자 『동아일보』 기획 기사에서는 아직 반년 넘게
남은 베를린올림픽에서 조선 선수들의 선전을 당부했다.

외쳐 부른다」라는 대형 기획 기사가 실렸다. '스포츠 조선'이라는 표현에서 당대의 식민지 조선인들이 스포츠와 올림픽을 일본이라는 국가 단위가 아닌 조선이라는 민족 단위의 대상물로 보고 있음을 알 수 있다.

> 스포츠 조선은 세계 제패의 대기(待機) 중에, 또 정도(征途) 중에 이윽고 새해를 맞았다. 젊은 조선의 의기는 한껏 날개를 펼치고 날아서 바다 동쪽 미주 땅에서 마라톤의 김은배 군이 국제적 스타트이면서도 귀중한 역사적 한 점을 획득한 지 어언 4년이 됐다. …
> 다시 부흥한 독일에 "세계의 청춘을 부른다!"라는 올림픽의 종은 높게 달려 넓게 울린다. 우리의 피 끓는, 그리고 의기헌앙한 젊은 조선의 용사를 목쉴세라 외쳐 부른다. …
> 손기성 군이 세계최고기록을 작년 가을에 작성하여 더욱더 우리와 올림픽 인연 맺은 제2주년에 일약 우승을 기대하게 되었으니 이 1년이야말로 스포츠 조선의 역사적 기념의 해다. 뛰어라, 빨리. 달려라, 다름박질. 뛰라, 높게 멀리. 차라, 똑바르게. 넣어라, 바스켓에. 그리고 싸우라, 죽기 전까지.
> 『동아일보』, 「스포츠 조선의 청춘을 올림픽 종은 외쳐 부른다」, 1936. 1. 1.

비록 식민지 백성이지만 적어도 스포츠에서만큼은 일제와

구분되는 조선이라는 인식이 깔려 있다고 해석할 수 있다. 그리고 조선인이 올해 올림픽 제패를 이룰 것인데, 그 피 끓는 조선 청년은 민족을 대표하여 전쟁터에 나가는 '용사(勇士)'이며 그를 응원할 것이라는 의지를 담고 있다. '세계 제패', '우승'이라는 표현으로 세계 열강들, 특히 식민종주국 일본제국과도 스포츠에서 대등하게 경쟁하면 승리할 수 있다는 대담함을 은연중에 드러냈다.

올림픽이 국가대항전이라는 현실을 인식하면서도 전체적인 논조에서 국가가 아닌 민족에 비중을 두어 올림픽을 민족대항전이라는 관점에서 인식하고자 하는 경향도 확인할 수 있다.

> 올해 8월 1일부터 16일까지에 독일의 수도 베를린에서 제11회 올림픽대회가 열리게 되었다. …
> 여기에 참가하는 것은 50여 개국의 선수로서 그 국가를 대표하고, 그 민족을 대표하여 싸운다는 의기에 불타고들 있을 것이다. 이로 인하여 인류의 체력은 그 수준을 높이게 될 것이며 세계의 각 민족은 서로 정당하게 이해하는 기회를 얻게 될 것이다. …
> 이번 선수 7명의 출전에는 더군다나 마라톤에 있어서 혁혁한 전도가 약속된 것이니 손기정 군은 작년 3월 11일 도쿄에서 열

린 마라톤대회에서 2시간 26분 14초로 세계기록을 깨트린 것이었다. … 이것으로 보면 손 군은 확실히 자신을 가지고 이번 대회에 임하게 될 것이요, 남 군도 최근의 성적에 의하면 손 군과 막상막하의 실력을 가진 게 증명되었으니 우리는 큰 기대를 갖는 동시에 우리 선수들의 건투를 비는 바이다.

『동아일보』, 「올림픽과 우리와의 관계」, 1936. 5. 29.

올림픽에 출전했거나 출전을 앞두고 있는 김은배, 손기정, 남승룡 등 세계적인 마라토너를 배출한 양정고보를 기획취재하여 올림픽과 학교교육을 민족적 관점에서 연결하고 있다.

청년 조선의 명예와 의기를 짊어지고 이를 세계무대에 선양하려 출발한 저 촉망의 올림픽 우리 선수들!
그들을 길러낸 어머니 학교의 고심과 초사는 얼마나 하였던고. 이 올림픽의 역사와 함께 앞날에 길이길이 배출할 그들의 모교를 찾아보기로 하자! …
이번에 마라톤이야말로 세계 제패에 가장 자신이 있다는 증거로는 일본에서 제일 유망하다는 수상 선수와 육상 본대보다도 앞서 장도에 오른 것과 또 손 군은 마라톤에 2시간 26분 42초라는 세계최고기록을 가지고 있는 초인적 건각자이며 남 군은 지난번 올림픽파견최종예선에서 당당히 1위에 입선한 정진자인 것이 여실이 증명되고 있는 바이다.

조선이 낳은 세계적 마라톤 선수 김은배, 손기정, 남승룡 세 명은 양정고보가 낳은 선수들이다. 양정고보는 조선의 마라톤 어머니다. 그 어머니 품속이 아니었으면 오늘의 영예의 선수를 낼 수 없었을 것이니 양정은 마라톤 요람이다.

『동아일보』, 「올림픽 선수 낸 학원 찾아① – 양정은 "육상의 모(母)"」, 1936. 6. 26.

이처럼 올림픽에 투영된 조선의 민족주의는 이미 베를린 올림픽 이전부터 조선 언론에 빈번히 등장할 정도로 성장해 왔다. 다시 말해 조선에서의 '민족주의·올림픽·손기정 신드롬'은 하루아침에 일어난 일이 아니었다. 외세의 침략과 차별로 형성된 민족주의적 토양 위에서 식민지 청년이 민족의 염원대로 세계에서 가장 큰 무대를 정복한 사건은 미디어라는 확성기를 통해 조선 사회의 민족주의를 3·1운동 이후 최고조로 끌어올렸다. 이는 스포츠를 통해 조선인을 사회적으로 통제하겠다는 일제의 의도와는 정반대의 결과였다.

일본제국의 영웅 손기정

조선인들이 손기정의 올림픽 우승을 조선 민족의 승리라고 생각하던 것과 반대로 일본인들은 이 우승을 일본의 위대한 승리로 생각하고 있었다. 손기정은 일본의 대표선수로 출전했고 올림픽 출전 24년 만에 일본에 마라톤 첫 금메달을 안겨준 장본인이었다. 더군다나 수도 도쿄가 아시아 최초로 1940년 차기 올림픽 개최지로 결정된 지 열흘밖에 안 되어 올림픽에 대한 일본 사회의 흥분과 관심은 극도로 높은 상태였다.

손기정의 우승과 일본제국의 우승을 동일시하는 기사가 우승 당일부터 쏟아졌다. '마라톤 일본 세계를 정복', '세계에 과시하라! 손 선수 훌륭하게 1착·일장기 휘날리다. 남 선수도 당당하게 3착', '마라톤 24년의 숙원이 이뤄지다', '감격 · 기미가요 연주 일어나다' 같은 내용이었다.

당대 일본의 저명한 시인이자 작사가였던 사이조 야소(西條八十)가 당시 『요미우리신문(讀賣新聞)』에 쓴 「우리의 영웅! 탄환같이 달려간 작은 사나이」는 이를 충실히 반영한 언론의 생산물이었다.

손! 손! 지하도를 달려 나와 언덕 위에서 타오르는 마라톤 거화(炬火)를 우러른다.

> 작은 그의 신체에서 흘러나온 전 경기장을 압도하는 거대한 그
> 림자!
> 박수, 박수, 환성, 성난 파도와 같은 환성!
> 아, 누가 오늘의 이 승리를 기대했을 것인가.
> 춤춰라! 일어나라! 노래하라! 일본인!
> 일본은 보았다.
> 오늘 확실히 보았다.
> 이 작은 남자 손(孫)의 가운데서
> 세계를 지휘하는, 약진 일본의 용감한 현재의 모습을
>
> 사이조 야소, 「우리의 영웅! 탄환같이 달려간 작은 사나이」

손기정의 우승이 조선 민족의 승리임을 선언했던 심훈과 마찬가지로 사이조 역시 '거화(炬火)'라는 올림픽의 상징적 심상으로 세계무대를 상정했다. 여기에서 일본인이 서구사회와 견주어 현실의 콤플렉스였던 '왜소'를 극복하고 희망 사항인 '세계를 지휘'하였기에 손기정의 우승을 일본제국과 일본 민족의 승리로 선언했다.

이렇게 거두절미하고 '일본의 승리'를 선언하는 대부분의 보도와는 달리 손기정이 반도 출신이라는 현실 문제를 직접 거론하면서 내선융화의 메시지를 표출하는 기사들도 등장했다.

일장기 게양이 반도 선수들의 건투에 의해 이루어졌다는 것은 의미가 깊은 일이다. … 오랫동안 기대되었지만 몇 번이나 놓친 마라톤 일본의 영관이 반도의 신인 선수에 의해 일본의 머리 위에 실린 것은 언제나 특필되어도 좋은 일이다.

『도쿄니치니치신문(東京日日新聞)』, 1936. 8. 11.

아리타카 이와오(有高巖)와 같은 일본 사회의 지성인들도 "손기정이 반도 출신인 것은 내선융화의 일조라 할 수 있는 면에서 참으로 경하한다"며 이 올림픽 우승이 식민통치에 긍정적인 영향을 줄 것으로 기대했다.

우승에 대한 일본 사회의 찬사와 소유권 주장에도 불구하고 사실 손기정은 불과 몇 주 전까지만 해도 올림픽 대표선발전을 통과하고도 일본 출신 선수에게 양보하라는 권고를 받아 올림픽 무대에서 뛰지 못할 위기에 놓였었다.

1936년 5월 21일 열린 일본 올림픽대표팀 마라톤 최종선발전은 총 21명 중 3명을 선발할 예정이었다. 결과는 1위 남승룡, 2위 손기정, 3위 스즈키 후사시게(鈴木房重)였다. 일본육상연맹 기술위원회는 선발된 3명 중 일본인 비중을 높이고자 베를린 현지에서 4위 시와쿠 다마오(塩飽玉男)까지 참가하는 한 번의 최종선발전을 급조한다.

대표팀 코치 사토 히데사부로(佐藤秀三朗)는 "반도인 중

1명을 빼고 일본인 2명을 내보내라는 게 상부의 지시"라며 이미 선발된 남승룡, 손기정에게 출전 포기를 종용하였다. 남승룡은 "외국 언론에 폭로하겠다"고 강경하게 버텼고 7월 22일 현지에서 30km 단축마라톤으로 선발전이 열렸다. 현지에서 고열에 시달리던 스즈키는 경기를 포기했다. 시와쿠는 2위로 들어왔으나 코스를 벗어나 샛길로 달리다가 베를린 현지에 와 있던 권태하에게 적발됐다. 결국 손기정, 남승룡, 그리고 시와쿠의 베를린올림픽 출전이 결정됐다.

올림픽 현지에서 벌어진 민족 차별은 직전 LA에 이어 베를린에서도 계속됐다. 그러나 일본 사회는 아무 일 없었다는 듯 손기정의 우승을 일본의 승리로 선전하며 기뻐했다. 내선 융화의 기만성과 올림픽을 정치도구화하려는 식민지 지배권력의 속성을 보여주는 사례다.

자본과 미디어에서의 올림픽 신드롬

손기정의 우승을 '우리의 것'으로 주장한 것은 정치와 이데올로기의 영역만이 아니었다. 올림픽 신드롬은 식민지의 자본 세력에서도 놓칠 수 없는 기회였다. 그들은 일본 쪽도 조선 쪽도 아닌 '돈 되는 쪽'을 선택했다. 기업들은 올림픽 열풍을 소비로 연결시키기 위해 미디어를 적극 활용했다. 이것은

손기정과 올림픽을 활용한 일본 모리나가 밀크카라멜 광고. 한복을 입은 아이들과 '마라톤의 왕국 조선의 건아'라는 문구가 인상적이다.

기업과 미디어 모두에게 막대한 이익을 가져다주었다.

품목에 관계없이 신문 전면광고에 '세계패자 손군만세(世界霸者 孫君萬歲)' 같은 표어들이 붙었다. 특히 올림픽의 건강한 이미지로 판매 촉진을 노리는 제약업계가 가장 발 빠르게 움직였다. 제약회사들이 연합하여 우승 축하 메시지와 함께 상품 전면광고를 게재하기도 했다. '세계제일 손기정 만세' 류의 표어와 '만인의 환영을 받는 백보환은 올림픽 선수들도 이미 복용 중' 등의 문구를 함께 표기하여 자사의 제품이 손기정과 올림픽 선수들의 건강 비결인 것처럼 홍보했다. '히후미(一二三)'라는 피부질환용 연고 광고는 일장기를 가슴에 붙이고 달리는 육상선수의 그림에 '축손남양군우승(祝孫南兩君優勝)' 문구와 함께 '패자의 살결을 보호하라!'라는 카피를 달았다.

일본의 유명 제과회사인 모리나가(森永) 제과는 이례적으로 현지화 수준이 높은 광고를 게재하여 눈길을 끈다. 오륜기를 들고 육상선수들을 응원하는 소년, 소녀가 한복을 입고 있었던 것이다. 당대 식품업계의 대표적인 일본 자본임에도 조선의 올림픽 신드롬의 핵심인 민족주의적 감수성에 편승하여 '마라톤의 왕국 조선' 같은 파격적인 문구로 판촉효과를 극대화했다.

> 마라톤의 왕국 조선의 건아!
> 손기정 남승룡 양형은 우리의 더없는 영예! 마라톤을 제패했습니다.
> 우리들도 자양의 과자 모리나가 카라멜을 먹고 무럭무럭 자라나 선배의 뒤를 이어 훗날의 올림픽에는 우리들의 힘으로 이 자랑 이 영광을 영원히 지킵시다.

도쿄올림픽 유치 성공, 손기정의 우승 등 베를린올림픽에서 일본선수단의 선전, 그리고 자본과 미디어가 결합하여 형성한 일본 사회 안팎의 올림픽 붐은 4년 후로 다가온 제12회 도쿄올림픽 개최 열기로 옮겨갔다.

제3장

1940년 도쿄올림픽 유치와 개최 포기

일제의 근대올림픽 유치

일본의 올림픽 유치 과정

제11회 베를린올림픽 개막 하루 전인 1936년 7월 31일 IOC 총회에서 일본은 아시아 최초로 올림픽 개최권을 따냈다. 도쿄시는 1923년 관동대지진을 극복할 도시 재건을 위해 1932년부터 올림픽 유치에 나서기 시작했다.

'탈정치를 지향하는 가장 정치적인 이벤트'라는 올림픽의 속성처럼 일본의 도쿄올림픽 유치에는 강력한 정치적 목적이 있었다. 내부적으로는 일본이 최초의 천황으로 여기는 진무(神武)의 즉위 2600년을 가장 세계적인 축제인 올림픽으로 기념하고자 했다. 신성한 건국 설화를 통해 일본 대중을 사상적으로 제국주의화하려 한 것이다.

대외적으로 올림픽은 국제적 고립을 막고 국제사회에서 팽창을 정당화하기 위한 수단이었다. 1932년 만주국을 세우고 1933년 국제연맹에서 탈퇴한 일본은 외교의 장으로 올림픽을 떠올렸다. 국제사회에서 일본제국이 세계의 강대국으로 인정받아 '아시아의 구원자'로 자리매김하길 기대했다.

이른바 '기원(紀元) 2600년' 사업의 핵심인 올림픽 유치는 그 목적이 정치적이었던 만큼 과정 역시 수단과 방법을 가리지 않았다. 1935년 초 일본의 IOC 위원 소에지마 미치마사(副島道正)는 제12회 올림픽의 가장 유력한 유치 경쟁국이었던 이탈리아의 총리 무솔리니를 찾아가 "올림픽이 도쿄에서 개최된다면 동서양이 친밀하게 결속되어 세계 평화에 기여하게 될 것"이라고 설득했다.

무솔리니는 일본으로부터 1944년 제13회 올림픽 개최를 지지받는 조건으로 개최를 포기했다. 이탈리아는 이미 1934년 월드컵을 개최해 우승을 차지한 직후였고, 1935년 에티오피아 침공으로 올림픽 개최가 현실적으로 어려운 상황이었다.

올림픽에 관한 사항을 정치 영역에서 협상한 이 사건은 IOC 내에 큰 논란을 불러와 올림픽 개최지 선정이 1년 늦춰지는 결과를 초래했다.

이탈리아를 물러나게 한 일본의 다음 전략은 IOC 위원장

『도쿄아사히신문』 1935년 2월 11일 석간 1면 기사. 이탈리아의 무솔리니로부터 올림픽 개최를 양보받아 도쿄의 올림픽 개최가 확실해졌다는 내용이다.

인 앙리 드 바이에라투르(Henri de Baillet-Latour)를 도쿄로 초청하는 것이었다. 핀란드 헬싱키와 마지막 유치 경합을 벌이던 1936년 3월 19일, 바이에라투르는 일본 측의 로비에 응해 개인 자격으로 도쿄를 방문했다. 특유의 오모테나시(お持て成し, 진정으로 손님을 접대한다는 의미)로 바이에라투르를 환대한 일본은 현직 IOC 위원장을 올림픽 유치의 강력한 지지자로 만드는 데 성공했다.

구미 지역 외에서 처음 시도되는 올림픽인 만큼 높은 교통

일본을 방문해 도쿄시장 우시즈카 도라타로(牛塚虎太郎)로부터 술잔을 받고 있는 바이에라투르 IOC 위원장. 사진 오른쪽은 현대 유도의 창시자이자 아시아 최초 IOC 위원 가노 지고로(嘉納治五郎)이다.

비 지출이라는 약점을 보완하기 위해 올림픽 참가자들에게 사상 초유의 여행 보조금을 뒤늦게 약속했는데, 총액 약 150만 엔(현재 가치로 약 30억 엔, 한화 약 300억 원 추정)에 이르렀다. 이토록 적극적인 로비 및 보조금 전략은 일본 군국주의에 올림픽이라는 도구가 얼마나 간절했는지를 방증한다.

결국 바이에라투르 위원장의 전폭적인 지지 속에 일본은 1936년 7월 31일 IOC 베를린 총회에서 득표수 36대 27로 핀란드 헬싱키를 따돌리고 개최권을 따냈다. 마지막까지 경합

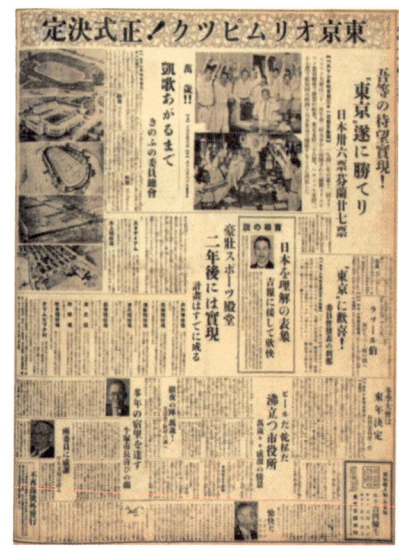

1940년 제12회 도쿄올림픽 유치 성공을 대서특필한 『도쿄아사히신문』 1936년 8월 1일 자 기사

을 벌이다 탈락한 핀란드는 "권력이 정의를 눌렀다"며 실망스러운 반응을 보였다. 그도 그럴 것이 일본에서 3주간이나 머물렀던 바이에라투르는 불공정 비난 여론을 피하고자 3개월 후 핀란드를 방문했는데 머문 기간은 단 5일에 불과했다.

일본 사회의 도쿄올림픽 열풍

손기정이 올림픽 마라톤에서 우승한 것은 그로부터 불과 9일 후였다. 마라톤을 비롯하여 일본이 제11회 베를린올림픽에서 금메달 6개를 획득하자 일본 사회 전반에서는 차기 올림픽 개최에 대한 열기가 고조됐다.

올림픽을 4년 앞둔 시점임에도 대회 입장권 예약 신청이 쇄도했다. 도쿄시는 올림픽 유치를 기념해서 8월 3일부터 3일간 축제를 열었다. 긴자(銀座)에는 일장기와 올림픽기가 줄지어 게양됐고 비행기 3대가 도쿄 상공에서 20만 장의 축하 전단을 살포했다. 밤에는 메이지신궁, 히비야공원, 우에노공원 등에서 1천여 개의 불꽃이 점등됐다.

2,000명의 웅장한 합창단이 노래했던 베를린올림픽을 모방하여 대규모의 올림픽 합창단도 서둘러 조직되었다. 9월에 16개 합창단이 모여 '대일본연합합창단'을 창단했다. 11월 11일에는 올림픽 유치를 기념해 3만 명으로 구성된 소년·소녀 합창단이 메이지신궁의 숲속에서 합창대회를 열고 방송 중계로 전국의 학생들이 따라 부르도록 하여 무려 1,000만 명 규모의 합창단을 구성한 기록도 남겼다.

미니어와 할리우드 스타들을 통해 '서구의 스타들도 주목하는 일본'이라는 분위기를 조성한 것도 특징이다. 일본 신문들은 전 세계 저명인사들의 도쿄올림픽 참관 희망 의사를 대서특필했다. 도쿄올림픽 관전을 희망한 인물들로 미국의 유명 희극인 해롤드 로이드(Harold Lloyd), 헐리우드의 톱스타 개리 쿠퍼(Gary Cooper), 클라크 게이블(Clark Gable), 케이 프랜시스

(위) 도쿄올림픽 개최 결정에 환호하는 도쿄시설안내소 직원들
(아래) 1936년 8월 3일 도쿄시연합청년단의 축하 야간행진

(Kay Francis), 올리비아 드 하빌랜드(Olivia De Havilland), 영화사 워너브라더스 사장 해리 워너(Harry Warner) 부부 등의 이름이 일본의 신문지상에 거론되었다.

    대일본영화협회는 1940년 도쿄올림픽 전후 약 10일간 국제올림픽영화제를 개최할 계획을 세웠다. 세계적으로 유명한 작품과 감독, 찰리 채플린 급의 배우 등 100여 명의 관계자들을 도쿄로 불러 모아 참석자들의 투표로 상을 주는 방안을 추진했다.

스타디움 건설 사업도 시작되었다. 메이지신궁 외원에 총경비 400만 엔, 총면적 2만 평의 초호화 주경기장 건설 계획을 세웠다. 성화대를 사이에 둔 올림픽탑과 마라톤탑 내부에 라디오, 영상 촬영 설비, 조명 설비를 계획하는 등 선전 설비에 신경을 썼다. 이는 나치의 체제 선전에 큰 성공을 거둔 1936년 베를린올림픽 당시 일본에서 연구단을 파견하고 유럽 주재 영사관에서 베를린올림픽 주경기장 도면을 면밀히 조사한 결과이다.

수영 경기장도 총 경비 200만 엔, 총면적 4천 평에 3만 명을 수용할 수 있는 시설을 세웠다. 여기에도 메인스탠드 중앙부에 높은 탑을 세워 그 안에 영상 촬영 및 라디오, 조명 설비를 갖춘 것이 특징이다.

운송 인프라에도 막대한 규모의 계획이 발표되었다. 일본우선(日本郵船)이 1만 7천 톤급~3만 5천 톤급의 호화여객선 4척의 긴조 계획을 발표했다. 또한 1931년 개항한 하네다 비행장을 7만 평 더 확장해 총 23만 평 규모의 공항으로 만들기로 했다. 이에 더해 도쿄시 조도구(城東区, 현재는 고토구에 편입) 스나마치(砂町) 앞바다에 부지 약 50만 평을 매립하여 거대한 국제공항을 만들고자 했다.

각 부처에는 올림픽 관련 예산과 인원이 배정되었는데 교

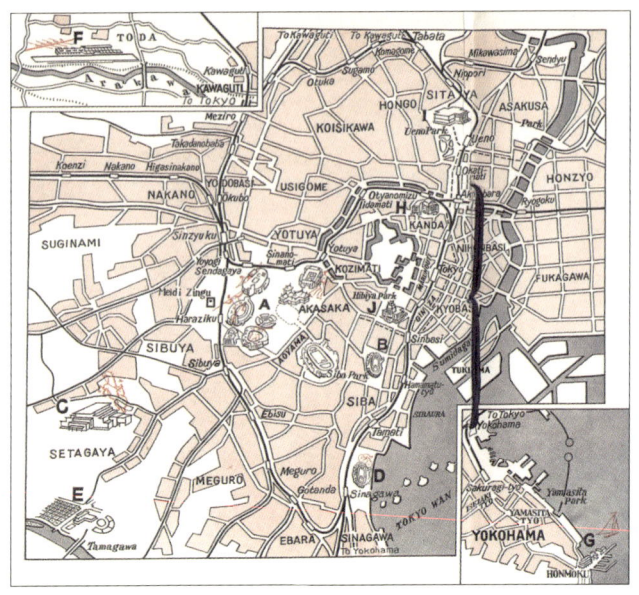

1940년 제12회 도쿄올림픽 경기장 전망도. 처음엔 메이지신궁 외원(A구역)을 중심으로 경기장 건설을 계획했다.

육과 체육정책을 담당하는 문부과학성은 개최 확정 열흘이 채 되지 않은 사이에 130만 엔의 올림픽 예산을 지급받았다. "기원 2600년의 상서로운 해를 맞아 일본의 민족주의를 북돋겠다"라고 공헌한 문부상의 공언대로 각급 교육 현장에서 올림픽에 대비한 교육도 강화되었다. 1926년생으로 이 시기 소학교 재학생이었던 문학평론가 오쿠노 다케오(奧野健男)는 올림픽 개최를 맞이한 일본의 소학교 풍경을 이렇게 설명했다.

1940년, 이른바 기원 2600년에 제12회 올림픽이 일본에서 거행된다고 해서 우리 소학생들은 도덕이나 체육 시간마다 일본인의 도덕심 부족, 즉 예를 들어서 객석에 휴지를 버리고 돌아가는 것은 세계의 최우수민족인 일본인으로서 외국인에 대해서 부끄러운 일이라는 식의 교육을 끊임없이 받았다.

교육자들과 언론인들은 올림픽을 맞아 여성 재교육운동을 벌이기도 했다. 도쿄여학교교장회, 도쿄보도협회, 생활개선중앙회, 중앙방송협회 공동으로 제안된 이 운동에서 "최근 여학생들은 일본이 예부터 이어온 정숙함을 잃어버렸다. 쓸데없이 외국인을 영웅시하거나 외국인의 눈살을 찌푸리게 행동한다"며 여성의 의식 향상을 철저히 하자고 결의했다.

1938년에는 후생성(厚生省)이 새롭게 출범하여 올림픽을 포함한 체육대회를 담당하게 되었다. 이 밖에도 각 부처별로 올림픽 개최를 담당할 공무원을 수시 충원했다.

무산된 도쿄올림픽

올림픽 준비와 중일전쟁

도쿄올림픽 개최 열망으로 일본 사회가 들뜨던 이 시기에 일본은 또 다른 일을 계획하고 있었다. 1936년은 일본에게 올림픽 유치 성공이자 개최 준비의 원년이기도 했지만 다가올 큰 전쟁의 준비가 구체화된 시기이기도 하다.

1936년에 개정된 『제국국방방침』은 "일본의 가상 적국은 미국, 소련, 중국, 영국이며 이들과 미래에 예상되는 총력전 및 장기전에 대비하여 군사와 외교상의 준비를 해야 하고 전쟁 발발 시 초동의 위력을 강대하게 하는 선제공격으로 대응해야 한다"고 명시했다. 이미 국제연맹, 워싱턴 및 런던 해군 군축조약까지 탈퇴한 일본은 육해군의 병력증강을 본격화하고 자원조달을 위하여 소위 '일(日, 일본) – 만(滿, 만주) – 지(支, 중국)' 3국의 공영을 국책 과제로 삼았다.

베를린올림픽 기간 중이었던 1936년 8월 7일에는 외교전략인 『제국외교방침』을 결정했는데 그 핵심인 소련 견제를 위해 11월에 일독방공협정을 체결했다. 이를 계기로 일본의 군국주의는 더욱 속도를 냈다. 1937년 1월 21일 총리 히로다 고키(廣田弘毅)는 제국의회 시정방침 연설에서 1937년도 국가예산과 관련한 7가지 항목을 발표했는데 첫 번째가 국방의 충실이었다.

> 육군은 급속하게 군비를 확충하여 대륙 방면에서의 국방을 견고하게 구축해야 하고 해군은 금년 1월 1일 이후의 군비 무조약 시대에 즈음하여 이른바 불위협 불침략이라는 근본방침에 따라 국방상 필요한 군비를 정비해야 합니다.

이러한 흐름 속에서 그해 여름에 중일전쟁이 발발한 것은 우연이 아니었다. 1937년 7월 7일 중국 베이핑(北平, 현 베이징) 부근 루거우차오(蘆溝橋)에서 벌어진 총격전을 빌미로 일본은 총공격을 감행하여 7월 말까지 베이핑과 톈진(天津)을 점령했다. 중일전쟁을 도발한 일본은 1937년 말까지 16개 사단, 총 70만 명의 병력을 중국 대륙으로 파견하여 화베이(華

北) 지역과 상하이(上海), 난징(南京)을 잇달아 점령했다.

군비 집중이 초래한 올림픽 예산 부족

중일전쟁이 본격화하면서 도쿄올림픽이 계속 가능한지 여부에 관심이 쏠리기 시작했다. 그러나 도쿄올림픽 개최 문제가 처음 제기된 시기는 중일전쟁 후라는 통설과는 달리 이미 일제가 중일전쟁을 일으키기 4개월가량 전이었다. 1937년 3월 20일 제70회 국회 중의원 예산위원회에서 중의원 고노 이치로(河野一郞)는 올림픽 개최와 관련한 예산 상황과 내각의 갈팡질팡하는 태도를 강력히 질타했다.

> 돈이 많이 있어서 국방을 충실히 하면 국민이 괴로워하지 않습니다. 국방 충실도 예산을 융통 있게 처리해 간단히 될 때라면 괜찮습니다. 하지만 우리들의 인식으로는, 전 국민은 와신상담(臥薪嘗膽)해서라도 이 국방의 충실을 꾀해야 합니다. 지난 예산총회의 정세에 있어서도, 육해군 양 당국의 4,600만 엔의 돈 문제에 대한 경제를 억제해서는 안 되지만, 억제하더라도 국방비를 위해 우리는 참고 있습니다. 전 국민 모두의 불만이라고 하면 불만이지만, 국방의 중대성을 비춰보고 말 못 하고 있습니다. 이렇게 참으면서 해야 하는 이 국민적인 긴장을 원할 때

한쪽에선 올림픽을 개최하려고 하는데, 총리대신이 좀 더 명백한 지도 원리를 가져 주지 않으면 만족할 수 없습니다. 더 말하자면, 외무상의 지난 중의원에서의 본회의 연설 후, 바로 그날 밤에 각료회의를 열어 정정하다니 현 내각은 올림픽 개최 자격이 없다고 나는 생각합니다.

다시 말해, 중일전쟁이라는 단일 사건보다는 일본이 아시아 침략을 작정하고 군비증강에 돌입하여 과다하게 책정한 국방 예산이 도쿄올림픽이 당면한 본질적인 문제였다.

히로다 총리의 1937년 1월 시정연설의 목표 그대로 일본의 예산은 군비에 집중되었다. 1936년의 군비 증강 방침에 따라 1937년 일본의 예산은 전년도 대비 2배 이상 급증했다. 이는 통상적인 일본의 1년 예산인 일반회계와 맞먹는 군용 예산, 이른바 '임시군사비특별회계(臨時軍事費特別會計)' 때문이다.

임시군사비는 근대 일본의 주요 전쟁마다 설치되어 전쟁 비용 대부분을 감당한 제도이다. 임시군사비가 편성된 주요 전쟁은 청일전쟁, 러일전쟁, 제1차 세계대전과 시베리아 출병, 중일전쟁과 태평양전쟁, 총 4회였다. 이러한 일본의 주요 전쟁 시기 예산은 평시와는 달리 일반회계와 임시군사비특별회계를 종합적으로 파악할 필요가 있다. 평시처럼 일반회계상의 군사비(육군비, 해군비) 지출이 계속되는 상태에서 임시군사비특별회계가 더해지는 형태가 1941년까지 지속되었고, 일반회계로 편성된 예산이 중간에 임시군사비특별회계로 편입되는 경우가 매년 발생하는 특징을 보이기 때문이다.

일본의 연간 국가 예산 총액이나 연간 군사비 총액은 물론, 연간 국가 총예산 중 군사비 비중이 폭증하여 태평양전

표1 일본 정부의 전쟁시기 군사비 지출액 및 비중 추이 (단위 100만 엔)

연도	일반회계 세출총액 (A)	임시군사비 특별회계 지출액 (B)	일반회계 → 임시군사비 특별회계 편입액 (C)	일반회계와 임시군사비 특별회계의 세출순총액 (D)	군사비 지출액 (E)	E/D (%) (F)
1935	2,206	-	-	2,206	1,032	46.8
1936	2,282	-	-	2,282	1,078	47.2
1937	2,709	2,034	1	4,742	3,271	69.0
1938	3,288	4,795	317	7,766	5,962	76.8
1939	4,493	4,844	535	8,802	6,472	73.5
1940	5,860	5,722	600	10,982	7,948	72.4
1941	8,133	9,487	1,078	16,542	12,449	75.6
1942	8,276	18,753	2,623	24,406	18,832	77.2
1943	12,551	29,818	4,369	38,001	29,820	78.5
1944	19,871	73,493	7,205	86,159	73,495	85.3
1945	21,496	16,465	-	37,961	17,075	45.0

※ (D) = (A) + (B) - (C)
※ 출처: 『大蔵省史』 제2권 390~391쪽, 『昭和財政史』 제1권 188~189쪽의 수치를 토대로 작성

그래프 1 일본 정부의 전쟁시기 군사비 지출액 및 비중 추이 (단위 100만 엔)

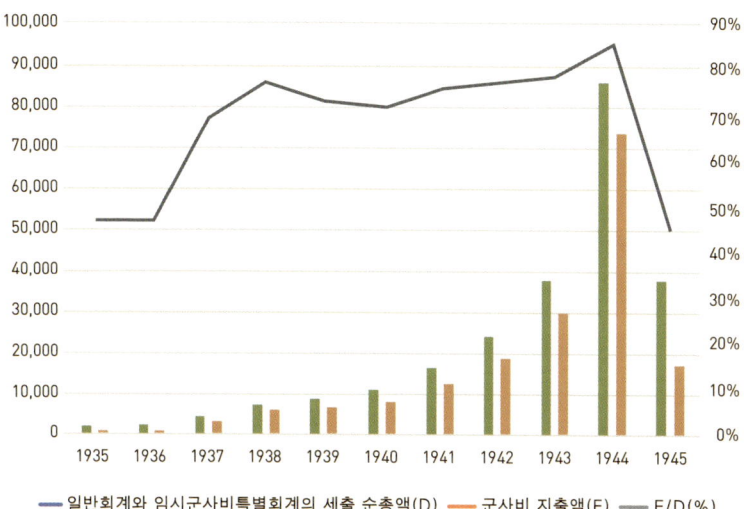

— 일반회계와 임시군사비특별회계의 세출 순총액(D)　— 군사비 지출액(E)　— E/D(%)

쟁기까지 이르게 된 출발점이 바로 이 시기였다. 일본의 국가 총예산 중 군사비 비중이 가장 급격하게 상승하는 지점이 1936년에서 1937년으로 넘어가는 시기임을 표와 그래프에서 확인할 수 있다.

1936년 일본의 군비증강과 더불어 출발한 1940년 도쿄올림픽 개최 준비는 수치뿐만 아니라 내용적으로도 점차 군국주의적 본성을 드러냈다. 1936년 당시 체육정책을 주관하던 문부상 히라오 하치사부로(平生釟三郞)는 대국민 라디오 연설에서 도쿄올림픽의 목표에 대해 "일본제국에 대한 완전한 헌신으로 국가의 존엄과 무사도(武士道) 정신을 위해 희생하는 것"이라고 했다. 도쿄올림픽이 일본인에게 국가에 대한 희생을 주입하기 위한 것임을 노골화했다. 이를 위해 무사도라는 정신문화를 확산하고, '2600년 전' 건국 신화까지 동원해 신성화하려 한 것이다.

정리하자면, 올림픽 유치라는 목표는 1932년부터 이어온 관성으로 달성했지만, 올림픽 유치에 성공하던 시기를 전후하여 일제의 최대 국정과제는 아시아 침략의 실행으로 전환됐다. 여기에는 천문학적인 예산과 인력이 필요했고 국민에게 국가를 위한 희생을 요구하려는 시국에 국민을 들뜨게 할 운동경기에 막대한 예산을 쏟아붓는 일은 점점 사치가 됐다.

문제투성이 올림픽 준비

올림픽 개최의 첫 단추라고 할 수 있는 도쿄올림픽조직위원회 구성도 민간보다는 국가 정치권력, 특히 군부가 깊숙이 관여하는 군국주의적 특성을 보였다.

올림픽 유치 성공 직후에 국가를 대표하는 체육 단체인 대일본체육협회와 개최 도시인 도쿄시의 주도권 싸움이 심화하는 양상을 보이자 당시 체육정책을 담당하던 문부과학성이 주도권을 빼앗아갔다. 문부상 히라오는 "올림픽은 국가사업이고 거국적인 이벤트이기 때문에 관계자들이 모여 협조해야 한다"는 명목으로 조직위원 자리에 유관 부처의 공직을 연동했다. 문부성, 육군성을 시작으로 외무성, 내무성, 대장성, 통신성, 철도성에 해군성까지 끌어들여 나눠먹기식으로 조직위원을 뽑은 결과 위원회 총원은 위원장과 부위원장 포함 28명에 이르렀다.

IOC 위원장 바이에라투르는 "정치 관료들을 인선하지 말라"고 경고했고 일본 IOC 위원 소에지마도 "IOC 의정서에 따라 대일본체육협회가 올림픽 개최를 주도해야 한다"고 비판했다. 『뉴욕타임스』에 "군이 도쿄올림픽을 장악하고 있다"는 기사가 실리는 등 군 조직이 올림픽조직위원회에 노골적으로 참여하는 것에 대한 국제사회의 비난 여론까지 있었지만 모두 묵살됐다. 올림픽의 금기를 무시하고 결성된 관료적 성격의 올림픽조직위원회는 내각의 변동에 따라 그 구성원이 수시로 바뀌었고 훗날 운영상의 많은 문제를 야기했다.

그 대표적인 것이 올림픽주경기장 부지 선정 문제였다. 조직위원회 구성에만 이미 반년을 허비하고 1937년이 되었을 때 도쿄올림픽이 직면한 가장 큰 난관이기도 했다.

아직 올림픽 유치 경합이 한창이던 1936년 3월, IOC 위원장 바이에라투르가 일본 측의 로비에 응해 도쿄를 찾았을 당시 주경기장 부지로 안내받은 곳은 메이지신궁 외원이었고 위원장의 큰 호응을 얻은 바 있었다. 그런데 메이지신궁 외원에 주경기장을 건설한다는 도쿄올림픽조직위원회의 초기 구상을 놓고 반대 의견이 여러 곳에서 나왔다. 올림픽 시설 연구차 제11회 베를린올림픽에 파견되어 역사상 가장 웅장했던 올림픽주경기장을 경험한 도쿄제국대학 공학부 교수 기시다 히데토(岸田日出刀)는 "10만 관중을 수용할 주경기장을 짓는데 신궁 외원은 너무 협소하다"는 이유로 반대했다.

개최지 도쿄시와 메이지신궁을 관리하는 내무성 신사국(神寺局) 측도 제각각의 이유로 동상이몽이었다. 1923년 관동대지진 이후 도시 재건 중이었던 도쿄시는 유치 초반부터 도쿄 외곽에 행정 신도시와 결부된 대규모 스포츠 단지를 건설해 토지의 가치 상승을 노렸다. 내무성 신사국 측은 "신성한 장소에 보름짜리 행사를 위해 공사를 하는 것은 부적절하다"는 논리를 폈다. 이러한 입장이 맞서며 1년이 넘게 허송하는 사이 군부는 중일전쟁을 도발했다.

1937년 9월 6일 중의원 예산총회에서는 이미 6개월 전 일본 정부의 도쿄올림픽 관련 정책을 질타했던 중의원 고노 이치로가 올림픽 개최 유지에 대한 입장표명을 유보하는 내각에 한층 단호한 어조로 올림픽 중단을 주장했다.

> 오늘 올림픽을 연습하는 태평한 청년단은 한 사람도 없다. 내

일본 정부가 올림픽 개최권을 포기할 방침이라고 보도하는 『도쿄아사히신문』 1937년 9월 7일 자 조간 11면 기사

가 알기로는 이미 모든 운동경기를 중지하고 중국을 타도할 자세임을 확실히 인식하고 일어선 청년단이 상당히 있다. 그럴 때 정부 스스로 아무것도 정하지 못했다는 것은 도대체 뭔가. … 현재 시국을 생각할 때 올림픽 문제만이 아니다. 도쿄박람회도 모두 중단하는 게 좋다.

중일전쟁이 발발하자 자연히 국가 예산지출에 대한 통제

가 대폭 강화됐다. 이에 따라 새로 제정된 관련 법규가 주경기장 건설에 발목을 잡았다. 실제로 한 달 후에 제정된 「철공공작물구조허가규칙」은 군사시설 이외를 건설할 때 50톤 이상의 철강사용을 금지해서 전쟁 수행과 직결된 사업이 아닌 올림픽 시설의 건설사업은 원활한 진행이 불가능했다.

우여곡절 끝에 도쿄시는 도쿄 남서쪽 고마자와(駒沢)에 주경기장을 건설하기로 최종 결정했다. 올림픽 유치 후 약 1년 10개월이나 지난 1938년 5월 23일의 일이었다. 도쿄올림픽 개최에 관한 의사결정 지연은 전쟁으로 인한 물자 통제와 맞물려 주경기장 건설에 치명상을 입혔고 도쿄올림픽 실패의 가장 큰 내부적 원인으로 작용했다.

IOC 회원국들의 집단 보이콧

침략전쟁과 군국주의로 심각히 오염된 도쿄올림픽 개최의 또 하나의 복병은 IOC 회원국들의 참가 거부 운동이었다. 1938년 3월 카이로에서 열릴 예정이었던 IOC 총회가 열리기도 전에 영국, 호주, 핀란드, 중국 등은 도쿄올림픽 중단을 요구했다. 특히 중국의 입장에서는 1937년 12월 난징에서 사상 유례없는 학살 피해를 입은 직후였다.

미국올림픽위원회는 제11회 베를린올림픽에 이어 또다

시 '올림픽의 탈정치'를 외치는 위원장 브런디지가 보이콧 반대 입장을 밝혔다. 그러나 미국 내 여론은 악화하고 있었다. 브런디지의 의견에 반박하는 칼럼들이 『뉴욕타임스』를 장식했다.

> 독일과 일본의 현 상황을 보면 '올림픽과 정치는 별개'라는 통념은 적용될 수 없다. 무방비 상태의 민간인 폭격과 민족의 잔혹한 탄압은 올림픽에 구현된 페어플레이와 정반대이다. 도쿄의 올림픽 개최는 올림픽의 기본 원칙 위반을 은폐할 것이고 이런 대회에 출전하면 일본이 하고 있는 일을 용인하는 것으로 비칠 것이다.
>
> 『뉴욕타임스』, 네드 골드슈미트, 「올림픽의 가치」, 1938. 2. 19.

> 베를린올림픽이 결정되었을 때는 히틀러가 집권하기 전이었지만, 일본에서의 올림픽 개최 결정은 일본이 이미 만주를 침공한 후에 이루어졌고 IOC도 이 사실을 알고 있었다. 올림픽이 자신들의 이익을 위해 점점 젊은이들을 이용하는 곳으로 느껴져 나는 미국올림픽위원직을 사임한다.
>
> 『뉴욕타임스』, 윌리엄 빙엄, 「일본 때문에 올림픽 직책 사임」, 1938. 6. 9.

IOC 위원장 바이에라투르에게는 150통의 보이콧 전보가

1940년 제12회 도쿄올림픽 개최 반납을 보도한 『도쿄아사히신문』 1938년 7월 15일 자 제1면 기사

쇄도했다. 결국 바이에라투르는 4월 2일 벨기에 브뤼셀에 있는 일본대사관을 찾아가 주벨기에 일본대사 구루스 사부로(来栖三郎)에게 "1939년 1월까지 전쟁이 끝나지 않으면 많은 국가들의 보이콧으로 개최가 어려우니 개최권을 반납하라"고 권고했다.

그러나 일본은 아시아 침략을 올림픽과 바꿀 마음이 전혀 없었다. 결국 일본 내각은 올림픽 개최권 반납을 결정했다. 1938년 7월 15일, 일본 정부의 올림픽 주무부처인 후생성이 올림픽 개최 반납을 공식 발표했다.

1936년 도쿄 다카라즈카 극장(東京寶塚劇場, 현 도호(東寶))의 여성 배우들이 나치, 일본, 올림픽기 앞에서 포즈를 취했다. 1940년 도쿄올림픽의 성격을 상징적으로 보여주는 사진이다. 출처: 폴란드 국립디지털아카이브

정신적 물질적 총동원이 요구되고 온 국민이 단결하여 사변의 목적을 달성하기 위해 전진하는 현 상황을 감안하여 내각은 올림픽을 개최하지 않고 도쿄올림픽조직위원회에 그 취지를 알리는 것이 적절하다.

1940년 제12회 도쿄올림픽은 이렇게 막을 내리게 되었다. 일본은 군국주의 목표를 달성하기 위해 올림픽을 포기한 새로운 역사를 새겼다.

제4장

식민지 조선과 1940년 도쿄올림픽

조선의 올림픽 민족주의와 내선일체

스포츠를 활용한 식민통치와 민족주의

일제는 스포츠를 통해 식민지배를 공고히 하고자 했다. 이는 당대의 제국주의 국가들이 가진 공통된 생각이었다. 제국주의 국가들이 극히 적은 인원으로 광활한 식민지와 절대다수의 현지인을 통치할 수 있었던 요인으로는 차별 혹은 분리 정책을 전제로 한 문화력(cultural power)을 들 수 있다. 그 핵심 중 하나가 스포츠의 보급이었다.

당시 가장 큰 식민지를 보유하던 영국은 스포츠를 통해 사회적 행동, 기준, 관계, 순응에 관한 제국주의적 신념을 식민지에 주입했다. 이러한 정책은 효과가 꽤 강력해서 식민지의 해방 이후에도 그 사회 질서에 영향을 지속했다.

비정치적인 성격으로 위장할 수 있는 스포츠의 특성은 공식적인 정책 범주를 넘어서 조직과 문화적 이식, 참여와 배제 등의 방법으로 사회집단의 순위를 결정했다. 예를 들어 크리켓, 테니스, 골프, 폴로 같은 종목의 클럽에 참가할 수 있는 집단을 백인이나 상류 집단으로 한정하는 방식을 들 수 있다. 그래서 이들을 축구나 육상처럼 대중성이 높은 종목과 비교했을 때 상대적으로 상류사회가 누리는 스포츠라는 이미지가 아직도 남아 있다. 실제로 테니스는 경쟁을 자극하기보다는 사회적 지위가 같은 사람들을 하나로 모으기 위한 사교적 게임으로 활용됐다.

각종 미디어는 이러한 활동에서 어떻게 옷을 입고 행동하는 것이 제국주의적 모델에 부합하는가에 대한 정보를 전달했다. 이렇게 스포츠는 영국의 식민지 분리정책의 한 방법으로 통치 체제를 강화하는 수단이 됐다.

서구화를 경험한 일본 역시 스포츠의 이러한 점을 잘 알고 식민통치에 활용하려고 했다. 그러나 국가의 스포츠 정책이나 대표적인 스포츠 이벤트인 올림픽이 사회 통제를 위한 것임은 식민지 조선의 지식인들도 잘 간파하고 있었다.

여기에도 국가통제. 나치스 정부에 있어서 스포츠의 목적은 하나, 청년을 분망하게 유쾌한 기분으로 만들고 불평을 말하거나 정부에 대하여 좋지 못한 음모를 품을 여유를 주지 않는다. 하나, 스포츠에 의하여 크게 국위를 나라 안팎에 등장한다. 하나, 조국 옹호의 책임에 견딜 만한 국민을 양성한다는 것에 있다고 미국의 운동평론가 존 토니스 씨는 말하고 있다. … 이 퍽이나 노골적인 스포츠 정책을 올림픽 정신 앙양으로써 표면 간판으로 하는 국제올림픽위원회가 과연 어떻게 취급할 것인가.

『동아일보』,「나치스와 스포츠」, 1936. 7. 21.

스포츠를 통한 식민통치에는 부작용도 있었다. 사회적으로 차별을 받던 식민지민들이 시간이 지날수록 스포츠를 통해 스스로 지위를 향상하려고 하는 현상이 나타났다. 예를 들어 영국의 식민지 호주인들은 크리켓에서 영국을 자주 꺾자 자신들이 영국인과 동등하다고 생각하기 시작했고 이러한 현상은 영국 식민지 전역에서 광범위하게 나타났다. 이것이 바로 전형적인 스포츠 민족주의이고, 이것이 가장 크게 발현되는 이벤트가 국가 혹은 민족대항전인 올림픽이었다는 점은 일제가 간과한 부작용이었다.

이 책에서는 이러한 '스포츠 민족주의'의 하위개념으로서 올림픽에서 기인한 민족주의를 '올림픽 민족주의(Olympic Nationalism)'라는 개념어로 규정하여 전간기(戰間期)의 종료와 제2차 세계대전이 임박한 시기에 나타나는 올림픽의 특질을

핵심 개념

올림픽 민족주의(Olympic Nationalism)

올림픽 민족주의는 사회 단위 중에 민족을 우선순위에 두는 이데올로기인 민족주의가 지구촌 최대 스포츠 축제인 올림픽에 의해 발현된 것을 개념화한 것이다. 이미 사용되고 있는 스포츠 민족주의의 가장 대표적인 하위 사례라 할 수 있다.

올림픽에서 촉발된 민족주의에 대해서는 많은 연구가 있었으나 학술용어로서의 올림픽 민족주의는 용례가 없어 주로 언론에서 드물게 조어 수준으로 활용됐다. 예를 들어 영국 가디언지 기자였던 크리스토퍼 리드(Christopher Reed)는 1984년 제23회 LA올림픽을 취재할 당시 미국과 레이건 대통령의 국수주의적 행태를 비판하는 기고문(「Olympic Nationalism」, 1984. 8. 11.)을 쓴 바 있다. 여기에서 쓰인 내셔널리즘은 민족주의보다는 국수주의에 가깝다.

20세기 전반의 올림픽 민족주의는 강대국들의 팽창주의와 식민지민들에게 점화된 저항적 민족주의라는 시대상을 반영한다. 여기서 짚고 넘어갈 것이 이 책에서 다루는 민족주의의 범주이다 베를린올림픽에서 나치의 인종주의뿐만 아니라 미국 사회의 인종차별에 경종을 울린 제시 오언스의 사례도 올림픽을 통한 기존 질서에의 저항적 기능이 존재한다. 만일 올림픽 민족주의에서 민족을 'volk'의 개념까지 확장하면 제시 오언스의 사례도 이 범주에 포함할 수 있으나, 'nation'의 개념으로 한정하면 민족주의보다는 인종주의에 가깝다.

더욱 선명히 드러내고자 한다.

역사, 언어, 종교 등 복잡한 문화적 산물인 '민족'이라는 단위로 배타성을 내재한 민족주의는 올림픽 헌장에서 외형적으로 금기시하는 요소지만 현실적으로는 정치 상황 등과 결합하여 올림픽의 강력한 흥행요소가 되어왔다.

올림픽 민족주의는 시대상에 따라 변화해왔는데 1930년대 중후반은 역사상 올림픽 민족주의가 가장 극적으로 항진화한 시기로 특징지을 수 있다. 앞서 살펴본 바와 같이 독일과 일본이 각각 '아리아인'이나 '기원 2600년' 등의 민족 논리로 올림픽을 유치했고, 불과 몇 년 후 제2차 세계대전을 일으켰다. 팽창주의에 올림픽 민족주의가 악용된 것이다.

반면, 식민지민에게 이러한 제국주의적 침략에 저항하는 논리 역시 민족주의였다. 올림픽 경기에서 표면적으로 나타나는 국가나 민족 간의 대등한 경쟁과 달리, 힘의 불균형을 전제로 한 저항적 민족주의는 이 식민지 시대의 올림픽 민족주의를 구성하는 또 하나의 유형이었다. 그래서 베를린올림픽에서 손기정의 우승은 단순히 한 체육인이 빼어난 기량을 발휘하고 끝난 사건이 아니라 차별적 식민지배에 저항하는 조선 민중의 민족주의를 분출시켰다.

1936년 8월 9일 손기정의 올림픽 우승으로 폭발한 조선의 민족주의는 1919년 3·1운동 이후 가장 격렬한 신드롬 양

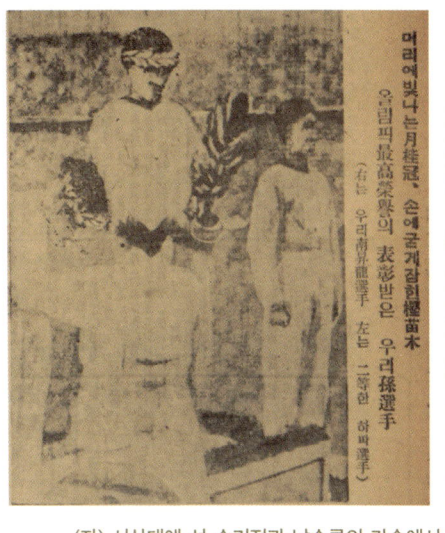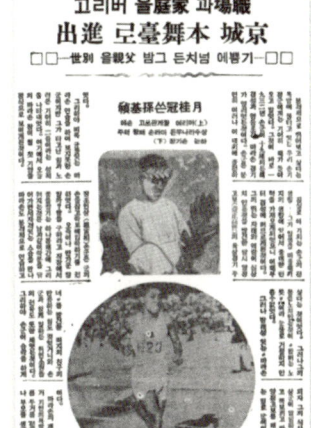

(좌) 시상대에 선 손기정과 남승룡의 가슴에서 일장기를 삭제한 『조선중앙일보』 8월 13일 자 조간 제4면 기사
(우) 사진에서 일장기를 희미하게 처리한 『동아일보』 8월 13일 자 조간 제2면 기사

상을 보이다가 클라이맥스를 향한다. 손기정이 우승하고 며칠 뒤인 8월 13일 『동아일보』와 『조선중앙일보』 두 한글 신문은 우승자 손기정의 사진에서 가슴에 있던 일장기를 지운 후 게재했다.

그리고 8월 25일 자 『동아일보』 기사에서는 손기정의 가슴 부위에 있던 일장기를 더욱 노골적으로 지워 버렸다. 절정을 맞이한 조선의 올림픽 민족주의에 드디어 조선총독부가 대응을 시작했다. 이른바 '일장기말소사건'이다.

미나미 지로 조선총독 취임과 일장기말소사건

손기정 신드롬과 올림픽 열풍이 조선을 달구고 있던 1936년 8월 조선총독부에도 변화가 있었다. 1936년 육군대장 미나미 지로(南次郎)가 8월 5일부로 조선총독에 임명된 것이다. 그해 2월, 일본 군부 내 황도파 청년 장교들의 2·26 쿠데타를 진압한 통제파 군인들이 정치 일선으로 나오게 되었고 미나미는 이들의 신임을 받아 조선총독에 부임하게 됐다.

손기정이 베를린올림픽에서 금메달을 목에 건 것은 그로부터 닷새 후인 1936년 8월 9일(조선·일본 시간으로 8월 10일 새벽)이었다. 그때까지만 해도 미나미는 가마쿠라(鎌倉) 자택에서 손기정과 남승룡의 입상 소식을 듣고 "반도의 두 사람이 일본 스포츠계의 명예를 획득해 줘서 더 말할 수 없이 기쁘다"며 호쾌하게 웃었다.

그런데 일본에서 한반도로 부임해오던 중 일장기말소사건 소식을 접했다. 미나미는 8월 26일 아침 6시 40분에 부산에 상륙하자마자 현 정세가 위기 상황임을 강조하는 취임 첫 성명을 발표했다.

일장기말소사건은 조선과 일본의 어느 신문에도 보도되지 않았고 이에 대해 조선총독부가 보인 반응은 우선 1936년판과 1937년판의 『조선총독부시정연보』에서 확인할 수 있다.

(좌) 손기정이 시상대에서 월계관을 든 사진을 게재한 『오사카아사히신문』 8월 23일 자 기사.
(우) 『오사카아사히신문』 사진에서 일장기를 지우고 게재한 『동아일보』 1936년 8월 25일 자 석간 제2면 기사

쇼와 11년 2월 제도(帝都)에 있어서 좋지 않은 사건이 발발하는 것을 보고 일본 국민의 국체관념에 동요가 일어나고, 같은 해 8월에 베를린에서 개최된 올림픽대회에서 조선 출신 선수가 마라톤에서 1위와 3위에 입상해 조선 민족의 우수성을 입증한 것이라는 열광적 흥분 상태에서 일부 민족주의자들의 책동도 있어 적지 않게 민심의 안정을 저해한 마침 그때, 『동아일보』가 8월 25일 손기정 선수의 사진을 『오사카아사히신문』에

1938년 11월 12일 용산 조선총독 관저로 조선 노인을 초청해 경로모임을 연 미나미 지로 부부. 초대받은 노인과 총독 미나미의 자세가 대조적이다.

서 전재(轉載)할 때 고의로 손 선수 가슴의 일장기 마크를 말소하는 미친 짓(狂態)으로 인하여 무기정간 처분을 주고 깊은 반성을 촉구하였고, 『(조선)중앙일보』도 똑같은 소행을 저질렀는데 이 회사는 『동아일보』에 대한 당국의 태도를 감안하여 스스로 휴간하여 반성을 표하여, 모두 당국의 지도에 따라 민심을 점차 진정시켜 정상으로 되돌려놓게 되었다.

일제 식민당국은 일장기를 말소한 『동아일보』에 대해 '미친 짓'이라며 흥분을 감추지 못했다. 8월 25일자 『동아일보』

인물

미나미 지로
(南次郞, 1874~1955)

일본 규슈 오이타현 출신. 일본 육군대학 출신으로 러일전쟁에 참가했다. 일본 육군사관학교장, 조선군사령관, 만주국 일본 전권대사 겸 관동군사령관을 지내고 1936년 8월 제7대 조선총독으로 부임했다. 1942년 5월까지 약 6년간 재임하며 지원병제 시행으로 식민지 조선 청년들을 전쟁터에 내몰고, 창씨개명과 조선어 사용 금지 등 이른바 '민족말살정책'으로 역대 가장 가혹했던 조선 총독 중 하나로 꼽힌다. 제2차 세계대전 후 중국을 침략한 혐의로 A급전범으로 지목됐다.

에서 촉발된 이 사건은 사진의 전송상태나 인쇄 상태가 조악한 것으로 그냥 넘어갔던 8월 13일자 『조선중앙일보』의 일장기 삭제 건의 수사로 번졌다.

조선총독부가 일본 제국의회에 제출한 『쇼와 12년 제73회 제국의회 설명자료』에서도 일장기말소사건이 등장한다.

8월 25일의 지면에는 손 선수의 사진을 게재할 때 일본 선수임을 알리는 일장기 마크가 필연적으로 사진에 표출되어야 하는데도 불구하고 그런 (민족)주의적 편견으로 의도적으로 말소하는 비국민적 행위를 나타내어 이 신문을 발매 분포 정지 처분을 함과 동시에 진상 조사에 착수하고, 조사를 추진할 때 종업 사원이 고의로 이런 행위를 했다는 사실을 판명하기에 이르렀고 동사 종업 사원들의 이런 불온사상은 뿌리가 깊어 개선에는 상당한 결의가 필요한 상황인데 일단 반성토록 하기 위해 즉시 발행정지 처분을 결행한다.

『동아일보』는 「신문지규칙」 제12조에 의해 1936년 8월 27일부터 무기한 정간처분을 받았다. 『조선중앙일보』는 9월 4일 사고(社告)를 통해 9월 6일부터 당국의 허가가 있을 때까지 휴간하겠다고 발표했다. 사실상의 무기정간이었다. 당시 판매부수 1위를 달리던 한글 신문 『조선중앙일보』는 이 사건을 기점으로 내부 사정이 겹쳐 폐간됐다.

일제가 가장 두려워한 것

신임 조선총독 미나미는 관동군사령관 겸 만주국 전권대사로 만주국을 통치했던 경력의 소유자였다. 조선 통치 그 자체보다는 '선만불가분론(鮮滿不可分論)'을 구현해 본국에서 추진하는 전쟁이 원활하도록 준비하는 게 관심사였고 이것을 방해하는 조선의 민족주의 움직임에 가차 없이 대응했다.

강제병합 초기부터 식민지 통치에 있어 일제가 가진 전통적인 고민은 조선의 강력한 민족정서였다. 조선총독부 초대 학무국장으로 식민지 교육을 초기 설계한 구마모토 시게키치(隈本繁吉)는 "일본제국의 통치에 가장 장애가 되는 것은 민족적 자각심이므로 이를 각성하지 않도록 노력하는 것이 간요하다"며 일찌감치 경계심을 드러냈다.

이들의 우려가 현실로 발현된 1919년 3·1운동 당시 일본 총리 하라 다카시(原敬)는 "그 어떤 나라에서도 독립을 잃은 인민이 독립한 과거를 회고하는 것은 수 세기를 통하더라도 전혀 없어지지 않는다"며 조선인을 더욱 강력히 동화시켜야 한다고 인식했다.

일제 입장에서는 엎친 데 덮친 격으로 1920년대 말부터 농업공황의 영향으로 조선 농촌사회의 경제 위기가 심화되면서 사회주의운동이 급속히 확산했다. 당시 조선총독이었던 우가키 가즈시게(宇垣一成)는 "일부 청년 학생들의 사상이 상궤(常軌)를 벗어나 경박하고 과격한 흐름으로 치닫는 경향이 있어 한심하다"고 했다. 1930년대 초반 총독부 권력 전반에는 청년의 사상 문제가 체제의 안정성을 위협할 것이라는 우려가 확산되고 있었다.

이처럼 사상에 대한 우려는 1936년 8월 제11회 베를린올림픽 즈음 일제가 직면한 현실이었다. 조선총독부 경무국에서 매년 1회 발행하는 『고등경찰보』 1936년판에 따르면 민족주의와 사회주의로 대표되는 '불온사상'의 정화 운동, 1929년 광주학생운동이 7년이나 지났음에도 계속되고 있는 학생들의 동맹휴업과 비밀결사가 가장 큰 현안이었다.

다시 말해 손기정이 올림픽에서 우승하고 조선인의 민족주의가 폭발해서 일제 식민당국의 경계심을 최고조로 올린 면도 있지만, 식민지 조선의 사상 문제로 총독부가 신경을 곤두세우던 시기에 손기정이 올림픽에서 우승한 측면도 있었다. 따라서 이 시기에 일제의 민족주의 통제가 강화된 계기를 일장기말소사건이라는 단일 사건으로 보는 학계나 언론 일각의 분석은 1936년 8월 당시 군국주의 팽창을 시작하려던 일제의 정치적 상황을 고려했을 때 지나치게 단순화한 면이 있다.

일제는 이미 그전부터 조선의 민족주의가 쏟아져 나오는 다양한 언로를 차단하는 데 신경을 곤두세우고 있었다. 예를 들어 손기정이 우승하기 하루 전인 1936년 8월 8일에 이미 「조선불온문서임시단속령」을 실시했다. 출판법 혹은 신문지법에 의해 납본되지 않은 모든 출판물을 강력히 단속해서 지하화된 민족주의운동을 통제하려는 목적이었다.

이러한 분위기 속에서 일본 측 사료에는 이미 일장기말소사건 전부터 조선총독부는 물론 일본 중앙정부에서도 조선의 과열된 올림픽 민족주의에 대한 경계심이 드러났다.

> 제11회 올림픽대회에서 손기정, 남승룡 양 선수의 우승은 일반 조선인에게 큰 충격을 주어 '전 일본 국민의 24년에 걸친 오랜 소원을 달성'한 것으로 내지인의 환희에 동조하는 사람도 있는 반면, 일부 편협분자에게는 '조선 민족의 우수성을 증명했다' 혹은 '두 사람의 우승은 조선의 우승이며 두 사람의 제패는 조선의 제패이다'라며 민족의식의 유발하는 부분이 있다. 그래서 일시 쇠퇴한 민족주의운동도 최근 대두되는 경향이 농후하다. … 조선인 출신 선수의 우승이 전해지자 각종 기념품을 계획하고 양 선수의 귀선(歸鮮)을 절실히 바라며, 특히 언문신문지는 양 선수의 우승 보도에 대대적으로 지면을 할애함과 더불어 사설의 주요 기사로 '세계도 수중에 있다는 신념과 기개를 가지게 했다'며 민족의 우수성을 과시하고 '일개 영역의 승리는 다른 영역에서의 승리로 확대하기 위해 한층 노력을 기울이는 자극이 되어야 한다'며 일반 백의 동포가 단순히 열광만 하는 것을 경고하고 민족의 실력 형성을 종용하는 등 그런 논조로 치우친 감정적이고 주의해야 할 부분이 있다.
>
> 일본 내무성 경보국, 『특고외사월보』, 1936. 8.

손기정의 우승 직후 한글 매체들로부터 쏟아져 나온 민족주의 논조의 보도들을 일제는 계속 예의주시하고 있었고 소상히 파악하고 있었다. 이어서 터져 버린 일장기말소사건에 대해서는 "그러다 도를 넘어 드디어 일어난 일"이라고 덧붙였다. 또 다른 일본 측 사료에서도 일장기말소사건 이전부터 올림픽 민족주의를 증폭하는 조선 언론에 대한 경계심이 드러난다.

> 경성에서 발행되는 『동아일보』는 언문신문 중에서도 일류 유력 신문으로 조선 민중에게 상당한 세력을 가지고 있고 넓게 전 조선에 걸쳐 다수의 구독자가 있다. … 만주사변 이후엔 표면적으로는 온건함을 위장했다 하더라도 내면적으로는 여전히 치열하게 민족주의적 사상을 지니고 있어 자칫하면 예리함(鋒鋩)을 나타내는 경향이 부단하게 깊고 심해서 주의해야 하고, 쇼와 11년 8월 베를린에서 개최된 올림픽대회에 조선 출신 선수 손기정이 출장한 마라톤 경기에서 우승하자 8월 11일 부록지에서 교묘하게 완곡한 필치로 은근히 민족의식을 강조해 선동의 저의가 있다. 사설을 보면 엄중하게 계고(刑告)해야 할 부분이 있는데도 불구하고 ….
>
> 조선총독부 경무국, 『쇼와 12년 제73회 제국의회 설명자료』

그렇다면 일제가 단순히 식민통치 체제에 위협을 느낀 것 외에 조선의 올림픽 민족주의에 왜 이렇게까지 민감하게 반응했나 하는 의문이 생긴다. 1936년 여름, 뜨거웠던 조선의 올림픽 민족주의는 당시 일제의 식민지였던 대만이나 위성국가였던 만주국과 비교할 때 유별난 점이 있었다.

대만에도 분명 스포츠 민족주의가 존재했다. 일제는 대만인과의 민족융화·사회통합을 위해 스포츠를 이용했고 가장 유력한 종목은 야구였다. 1931년 전국중등학교우승야구대회(현 전국고등학교야구선수권대회, 일명 고시엔 대회)에서 대만의 자이농림학교(嘉義農林學校, 현 국립자이대학, 일명 KANO) 야구부가 준우승해 대만의 민족적 정체성과 긍지를 강화했다는 연구도 있다.

그러나 대만에는 조선처럼 신드롬 수준의 올림픽 민족주의는 존재하지 않았다. 대만에는 1936년의 손기정·남승룡처럼 올림픽에서 우승을 기대하며 민족의 자부심을 걸 만한 세계 정상급 선수가 없었다. 예를 들어 대만 출신으로서 최초로 올림픽에 출전한 장싱셴(張星賢)은 육상 400m 허들에서 일본 신기록을 세운 기대주였으나 1932년 LA올림픽 예선 첫 경기에서 탈락할 정도의 국내용 선수였다.

만주국 역시 일본과 활발히 체육 교류를 했지만 1932년 만주국 건국 후 IOC로부터 가입을 불허 당해 올림픽에 출전

1931년 일본 고시엔 대회에서 준우승을 차지한 식민지 대만의 자이농림학교 야구부의 이야기가 영화 「KANO 1931 바다 건너 고시엔」(2014)으로 제작돼 대만과 일본에서 상영되었다. 조선에서는 휘문고보가 1923년 고시엔 본선에 진출해 8강까지 진출하였다.

할 수 없었다. 1937년 일본이 한창 도쿄올림픽을 준비하던 시기에 만주국은 올림픽 공식 참가를 요구했지만, 일본은 "만주국의 참가가 시기상조"라며 IOC 총회에서 이 문제를 거론하지 않겠다고 선언했다. 일본은 올림픽을 유치하고 진행하는 과정에서 중국의 눈치를 살피지 않을 수 없었다.

이를 종합해보면 일제가 1936년 8월에 맞닥뜨린 조선의 민족주의는 아시아 침략을 본격화하려는 시기에 올림픽이라는 세계적 스포츠 축제를 매개로 폭발적으로 성장했고, 이는 일제가 여타 식민지 혹은 위성국가에서는 경험해보지 못한 새로운 유형의 위협이었다.

사찰 대상이 된 올림픽 금메달리스트

마라톤 우승 직후 일제가 그토록 떠들썩하게 영웅화했던 손기정이었지만 그의 출신지가 식민지였다는 현실은 스토리의 반전을 예고했다. 독일에 도착해서 일본이 민족 차별적 의도로 급조한 대표선발전을 한 번 더 치러야 했던 손기정은 8월 9일 우승 직후부터는 일제의 요시찰 인물로 전락했다. 일본 정부의 경찰업무를 총괄하는 내무성 경보부는 독일에서 동행 취재했던 일본인 기자를 통해 손기정을 사찰(伺察)했다.

> 오사카 마이니치신문사의 올림픽 특파원 아사모토 기자의 말에 따르면 독일에 있을 때 손기정은 다수의 외국인에게 사인 요청을 받아 'KORE(고려) 손기정'이라고 적는 등 불온한 조짐이 보인다. 내무성 경보국, 『특고외사월보』, 1936. 10.

일본 경찰의 사찰 내용은 정확했다. 손기정이 올림픽에서 보인 행적은 강한 민족주의적 일관성을 보인다. 시상대에서는 고개를 숙여 불편하고 슬픈 감정을 드러냈고, 『조선일보』 김동진 도쿄지국장과의 우승 직후 인터뷰에서는 아예 민족적 서러움을 노골적으로 분출한 바 있다.

게다가 올림픽 슈퍼스타에게 몰려드는 사인 요청에 손

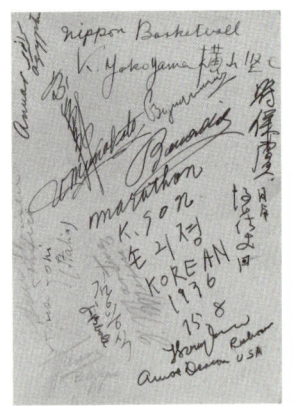 

(좌) 베를린올림픽에 출전한 선수들의 서명. 손기정은 한자나 일본식 이름 대신 한글로 본인의 이름을 적었고 영어 KOREAN을 병기해서 한민족임을 표현했다.
(우) 손기정이 베를린에서 한국에 보낸 엽서에는 '슬푸다'라는 세 글자만 적혀 있었다.

기정은 한글로 본인의 한국 이름 '손긔정'과 함께 영어로 'KOREAN'을 써넣어 자신은 일본인이 아니라 조선인임을 항변했다. 독일에서 한국의 지인에게 보낸 엽서에는 '슬푸다!!?'라는 세 글자로 착잡한 감정을 표현했다.

독일에서의 올림픽 일정을 마친 손기정과 남승룡은 귀국길에 올랐다. 손기정은 유럽과 인도를 거쳐 싱가포르에 도착했을 때 조선의 일장기말소사건을 인지했고, 가는 곳마다 일본 경찰의 감시를 받았다고 회고했다. 이들은 조선으로 귀환하기 전 일본 각지의 환영 모임에 참여하였는데, 일본 정부는 입국 시점부터 고조될 재일조선인들의 민족주의에 대해서도 극도의 경계심을 보였다.

> 민족주의운동은 두 선수의 귀국을 계기로 상당히 고조될 것으로 보이므로, 그럴 때 조선인만으로 개별적인 환영식, 위안식 등의 개최를 허락하는 것은 민족적 감정을 넘어 내선인(內鮮人) 대립의 기운을 양성할 수 있음을 우려해야 하니 경시청에서는 조선인만의 환영회 등은 일체 인정하지 않는 방침을 채용해 앞서 말한 재경 조선인의 환영 계획에 대해서는 유지 중지시키고 도내 각 대학 조선 유학생의 가을철 운동회에 대해서도 환영 기운이 진정된 후에 개최하도록 연기하는 방향으로 유지하는 등 엄중한 단속을 해 모든 불온책동을 방지해야 한다.
>
> 내무성 경보국, 『특고외사월보』, 1936. 10.

손기정은 10월 17일 드디어 조선으로 돌아왔다. 오후 2시 23분경 여의도비행장에 내린 손기정은 곧장 양정고보 안종원 교장과 함께 조선신궁을 참배해야 했고, '개선봉고(凱旋奉告) 참배'는 언론에 앞다투어 보도되었다. 손기정의 귀국 첫날 일정은 일제 군국주의와 식민지 출신 올림픽 영웅의 결합이 향후 어떻게 전개될지를 예고했다.

이틀 후에 손기정은 인사차 조선총독부를 방문했다. 조선 총독으로 부임하기 직전 손기정의 우승에 기쁨을 표했던 미나

1936년 10월 17일 오후 2시 23분 여의도비행장에 도착한 교복 차림의 손기정. 수천 명의 환영 인파가 몰렸지만 일본 경찰은 일반인이 손기정에게 접근할 수 없도록 차단했다.

미는 손기정을 만나 겉으로는 "우리 일본인으로서는 반가운 일"이라며 화색을 보였지만 이내 "학생의 본분을 잊지 말고 뽐내지 않는 인격으로서 다른 학생의 모범이 되라"며 훈계했다.

당시만 해도 1940년 도쿄올림픽에서의 활약을 다짐했던 손기정이었지만 늘 당국의 감시가 이어졌고 결국 은퇴를 택하게 된다. 1936년 베를린올림픽은 그의 올림픽 첫 경기이자 마지막 경기가 되었다.

일제의 제12회 도쿄올림픽 유치 성공, 제11회 베를린올림픽에서 손기정의 우승과 조선의 올림픽 신드롬, 일장기말소사건, 그리고 미나미 지로가 기존의 '내선융화(內鮮融和)'에서 한 발 더 나아간 '내선일체(內鮮一體)'라는 새로운 식민통치책을 가지고 부임하던 시기는 모두 일제의 군국주의가 본격화되기 시작하던 1936년 8월, 1개월 이내에 벌어진 일이었다.

이 시기에 있었던 일련의 사건들은 앞서 밝힌 스포츠, 특히 올림픽을 활용한 일제의 민족융화 전략이 실패했음을 의미했다. 올림픽 민족주의를 둘러싼 조선 사회의 풍경은 통치 권력의 사회문화적 통제가 권력이 의도하지 않았던 방향으로 흐를 수 있음을 보여준다.

식민지 조선인에게 올림픽이 "민족적 감정으로 전화하기 쉬운 것"임을 뒤늦게 깨달은 총독부 경무국은 8월 말부터 모든 올림픽 관련 축하대회와 기념체육관 설립운동, 축하 연설회를 금지했다. 1936년 여름, 그해의 풍수해만큼이나 조선을 강타한 올림픽 민족주의 열풍은 표면적으로는 일장기말소사건을 계기로, 그러나 이미 그전에 군국주의의 길을 택한 일제의 민족주의 탄압으로 점차 자취를 감춘다. 이러한 상황 속에서 1940년 제12회 도쿄올림픽이 다가오고 있었다.

올림픽을 숨기다

식민지 조선에서 자취를 감춘 올림픽

손기정이 올림픽 마라톤 종목에서 우승했을 때 일본인들은 분명 '일본인의 승리'라며 기뻐했다. 그때만 해도 '내선융화'의 분위기에 편승해 자국에서 열릴 예정인 제12회 도쿄올림픽에 식민지민인 조선인도 대회 개최의 일원으로 인정하는 분위기를 어렵지 않게 찾아볼 수 있었다.

> 다시 4년 앞으로 다가온 도쿄올림픽에 대해 내지인, 외지인과 마음을 모아 힘을 모으고 위대한 기념탑을 쌓아야 한다.
> 『도쿄아사히신문』, 「반도선수의 승리」, 1936. 8. 11.

올림픽 개최를 확정 지은 일본 사회의 분위기는 1년 후 중일전쟁에 돌입하고도 올림픽 개최 중단설이 파다해지기 전까지는 민관을 가리지 않고 뜨거운 열기를 보였다. 도쿄올림픽 유치가 처음 결정되었을 때만 해도 조선 사회의 관심과 기대도 높았다. 하지만 1936년 여름이 지나면서 조선과 일본의 사회 분위기는 크게 달라졌다.

1936년 8월 미나미 총독의 부임 직후부터 조선총독부는 내선일체를 식민통치의 핵심으로 표방했다. 말 그대로 조선인을 더욱 철저히 일본인에 동화시킨다는 전략이었는데, 이른바 '내지(內地)'의 '성도(聖都)'에서 세계 최대 규모의 국제행사를 앞두고 있음에도 식민지 조선은 이상하리만큼 조용했다.

미나미 총독의 부임 이후로 총독의 훈시·유고, 관보는 물론 조선총독부에서 체육정책을 담당하고 있는 학무국 문서를 비롯하여 공공영역 전 부문에서 특정 사업의 계기로 삼았을 법한 '올림픽'이라는 단어가 자취를 감췄다. 다시 말해 올림픽의 흔적이 없어졌다.

올림픽 개최 직후부터 각종 예산을 조기 집행하고 공무원의 채용과 각급 학교에서의 올림픽 맞이 교육, 대규모 관제행사까지 열었던 일본 정부와 대조적으로 조선총독부는 조선 사회 내의 올림픽 붐 조성에 전혀 나서지 않았다. 그렇다고 대놓고 "올림픽을 억제하겠다"는 선언도 없었던 '무대응의 억제

책'이 실시되었다.

존재하지 않는 현상을 증명하는 것은 존재하는 것을 입증하는 것보다 훨씬 어려운 일이다. 일제강점기 35년간 올림픽에 버금가는 대규모 국제 이벤트가 일본 혹은 조선에서 개최된 바가 없었기 때문에 특정한 국제행사를 수치화하여 1940년 도쿄올림픽을 앞둔 조선총독부의 행태를 비교하기엔 무리가 따른다.

다만 조선총독부가 다가올 올림픽을 앞두고 보인 태도 정도는 동시대에 벌어진 유사한 성격의 행사를 통해 유추해볼 수 있다. 다시 말해 조선총독부가 특정 행사에 의도적으로 개입했을 때의 진행양상을 기준으로 삼아 조선총독부의 의도적 부작위(不作爲)의 가능성을 가늠해볼 수 있을 것이다.

여기에 부합하는 사례로 조선총독부가 경성에서 직접 주최한 1929년 조선박람회를 꼽을 수 있다. '박람회'라는 이벤트는 근대올림픽의 부활을 견인한 근대의 산물이라는 점에서 태생적으로 유사한 속성을 지니고 있다. 실제로 일본은 이른바 기원 2600년을 기념하기 위해 1940년에 도쿄 하계올림픽, 삿포로 동계올림픽과 더불어 도쿄 만국박람회까지 유치했다.

이러한 현상은 제2차 세계대전 이후에도 계속 이어졌다. 아시아 국가들의 사례를 살펴보면, 일본에서는 1964년 제18회 도쿄올림픽, 1970년 오사카 만국박람회, 1972년 제11회 삿포로 동계올림픽이 열렸다. 한국에서는 1988년 제24회 서울올림픽, 1993년 대전 세계박람회가 열렸고, 중국에서는 2008년 제29회 베이징올림픽, 2010년 상하이 세계박람회가 열렸다.

총독부가 적극적으로 추진했던 조선박람회

19세기의 국제 박람회들은 제국주의 국가들의 주도 아래 산업박람회로 개최되었는데 초창기의 근대올림픽은 이 박람회의 부속 행사로 열리기 시작했다. 제1회 근대올림픽은 1986년 고대올림픽의 발상지였던 그리스에서 개최되었고, 이후 제2회 파리올림픽부터 제4회 런던올림픽까지는 박람회의 일부로서 개최됐으나 대중의 큰 관심을 받지 못했다. 근대올림픽은 자국의 기술, 정치제도, 경제력, 문화·예술 수준 등의 우월성을 대외적으로 과시하고자 하는 19세기 박람회의 분위기를 자연스럽게 받아들였다.

조선총독부가 1929년 박람회를 개최하려고 한 이유는 1927년 금융공황으로 촉발된 불황을 타개하기 위한 식산흥업 외에도 소위 '시정(施政)' 20년 동안 이룩한 조선의 근대화 성과를 과시하여 식민통치의 정당성을 확보하고자 함이었다.

조선총독부 시정 이래, 해를 경과한 지 20년에 제반의 시설경

영 기초를 잘 확립하고 산업의 경제 또한 문화가 순조롭게 발달하고 마치 쇼와(昭和)의 성대(聖代)가 돼서 정말로 반도의 산하(山河) 그의 면목을 새롭게 했던 것 같다. 여기에 볼 것이 있다. 쇼와 4년 상쾌하고 서늘한 계절에 경성에서 박람회를 개최하고 강내의 산업, 교통, 토목, 교육, 위생 등 각반에 걸쳐 그 상태를 한 장소에 전시하고 이것을 가지고 시정 20년간의 실적을 밝히는 것과 함께 내지는 물론 화태, 대만, 남양, 관동주, 만주 등의 물산 및 각반의 사료를 망라하고 그것을 비교해서 장점을 드러내고 단점을 감추고, 상호 소개하는 게 편하고 더욱 그의 기회에 있어 조야다수의 인사를 초빙하고 반도의 실시를 봐달라고 부탁을 하고 그것을 가지고 개발을 도모하고 나아가서 국운의 발전에 기여하려고 한다.

『조선박람회기념사진』, 극동시보사(편), 1929

박람회는 상업, 공업, 농업 등 산업 전반을 보이는 것이지만 근본적으로는 '제국' 그 자체를 전시 및 홍보하는 것이었으므로 박람회의 흥행은 조선 통치의 성과를 대내외적으로 과시할 기회였다.

1929년 9월 12일부터 10월 31일까지 50일에 걸쳐 진행된 조선박람회에는 10만여 출품작을 선보였고, 200만 명이 입장했다. 조선총독부는 모든 행정조직을 동원하여 조선박람

1929년 9월 12일부터 10월 31일까지 경복궁에서 열린 조선박람회. 조선총독부는 행정력을 총동원하여 200만 명을 모았고 그중 절반은 유료 입장객이었다.

회를 관람하도록 대대적인 분위기를 조성하여 유료 입장자만 98만 6천여 명을 동원했다. 지방관청에서는 되도록 많은 지방민을 박람회에 보내려고 했고 이것은 높은 이자로 노자를 구해 구경하도록 하는 폐해를 낳았다.

조선박람회에 대하여 조선총독부에서 여러 가지로 선전에 노력함은 물론이요, 각 관공서와 각 학교에서까지라도 관람객 권유에 비상히 힘을 쓰는 중인데 근일 호남선송정공립보통학교에서는 각 학부형에게 박람회 관람 권고장을 배부하였는데 그 권유장 중에는 "조선박람을 안 보면 사람에게 수치다. 금전이 없으면 전당(典當)이라도 해서 가볼 가치가 있습니다"라는 문구를 적어서 일반 학부형들은 학교 당국의 몰상식함에 비소함을 마지않는다더라.

『조선일보』, 「전당을 내어서라도 박람회 구경을 가라.
구경을 못 한 사람은 수치다」, 1929. 10. 12.

농촌에 가보면 이 조선박람회라는 것은 무슨 큰 수가 나는 것같이 선전을 하여 조선박람회를 보지 못하면 아예 사람값에도 못 가는 것 같은 생각을 일반이 갖게 만들어 놓았다.

『신민』 33호, 정수일 「조선인으로서 본 조선박람회」, 1929. 11.

훗날 도쿄올림픽을 맞아 1937년경 조선총독부에서 '금강산탐승시설조사위원회'를 설치했다가 특별한 실적 없이 해체되는 등 관광사업 추진이 별 실효를 거두지 못했는데 이때와는 달리 조선총독부는 8년 전 박람회 때는 매우 일사불란했다. 박람회 내내 주요 간선철도에 임시열차를 편성하고 경성 관광코스를 만들어 운영하였다. 예를 들어 조선총독부 철도국이 만든 경성 여행코스는 '경성역 – 상품진열관 – 남대문 – 조선신궁 – 남산공원 – 과학단 – 장충단 – 동대문 – 경학원 – 창경원 – 파고다공원 – 경복궁 – 미술품제작소 – 본정 – 경성역 또는 여관'이었다.

조선박람회를 앞두고 경성 상인들은 백만의 인파가 운집

할 큰 행사에 대한 기대감을 숨기지 않았다.

> 박람회다! 박람회다! 이때를 놓치면 큰 낭패다! 삼십만 서울은 백만이백만이 되는가. 여관업이다, 음식점이다. 평양에서는 기생들이 총동원으로 서울에 원정을 온단다.
>
> 『조선일보』, 안석영, 「도회풍경4 - 박람회광」, 1929. 6. 8.

1929년 조선박람회의 사례에서 엿볼 수 있듯, 식민당국이 의지를 갖고 추진하는 이벤트라면 기본적으로 식민지 조선 전국 단위의 동원을 전제한다. 약 100만 명에 육박하는 유료 관람객과 전당포의 등장이 의미하는 것처럼 이 동원 체제는 식민지 백성의 생활에 즉각적으로 환류된다. 게다가 조선총독부는 물론, '본국'인 일본 정부와 식민지 대만총독부, 만주의 남만주철도주식회사(만철) 같은 국책기업까지 관(官) 차원의 종합적이고 유기적인 협조가 장기간 수반된다.

1936년 9월 이후 조선에서의 올림픽 실종 현상을 바꾸어 말하면, 최소한 조선총독부가 본국의 수도에서 열릴 예정인 제12회 도쿄올림픽을 조선 식민통치에 적극적으로 내세우지 않았음은 유추해볼 수 있다. 별것 아닌 것처럼 보이지만, 이것이 식민종주국인 일본과 식민지 조선의 올림픽 정책이 분열되는 지점이다.

1937년 크리스마스에 도쿄 시내에서 열린 올림픽 기념 파티. 오른쪽에 1940년 제12회 도쿄올림픽을 새겨 넣은 초대형 케이크가 보인다. 1936년 9월 이후 일본과 식민지 조선에서의 올림픽 열기는 큰 대조를 이룬다.
출처: Bundesarchiv(독일연방문서보관소)

한발 더 나아가, 군국주의로 치닫기 시작한 일제가 1936년 조선의 올림픽 민족주의에 보였던 극도의 경계를 기반으로 이 부작위의 원인을 추론하는 것은 무리가 아니다. 이 경계는 일제가 조선을 식민통치하는 데 올림픽이 도움이 되지 않는다는 것을 인식했음을 의미하고 즉각적인 배제의 방식으로 조선의 올림픽 민족주의를 억제하려 했음을 시사한다.

조선 언론에서 급감한 올림픽 키워드

조선 사회 내에서 이 추론을 확인할 수 있는 분야는 올림픽 민족주의의 확성기였던 언론이다. 근대스포츠를 형성하는 주요한 축인 미디어가 나타내는 올림픽에 대한 관심도는 올림픽 민족주의의 강도와 불가분의 관계에 있다. 1920년에 창간하여 1940년에 폐간된 당대의 유력 한글 신문『동아일보』와 『조선일보』기사의 키워드를 분석하여 당시 조선 사회에서 올림픽 민족주의의 흐름을 시계열로 살펴보고자 한다.

다음의 세 그래프에서 '올림픽(오륜 포함)', '손기정', '마라손(마라톤 포함)' 등 1936년 올림픽 민족주의 신드롬과 가장 직접적으로 관련된 키워드들은 1936년을 정점으로 하여 이듬해 1937년부터 급감소세를 보인다.

참고로 1936년과 1937년의 빈도수는『동아일보』가 1936년 8월 27일부터 1937년 6월 2일까지 정간 중이었던 영향을 받았다. 그럼에도 급감한 수치는 일제의 언론통제 효과를 반영하고 결과적으로 조선인 수용자에게 공급된 최종 빈도가 감소했음을 의미한다. 따라서 이 시기 조선의 올림픽 민족주의가 직면한 현실을 반영하는 데 유의미한 수치라 할 수 있으며, 만일 일장기말소사건 이후 폐간된 당대 구독자수 1위의『조선중앙일보』의 수치까지 더하면 이 현상은 더욱 강화된다.

올림픽 관련 보도는 개최된 해에 가장 빈도가 높고 다음 개최 시까지는 하락세를 유지하다가 다시 대회를 앞두고 상승하는 것이 일반적이다. 이점을 감안하더라도 주목해야 할 점은 1936년 이후의 급격한 하락폭이다. 1940년 도쿄올림픽 개최 준비가 진행 중이었던 시기임에도 1937년부터의 키워드 빈도는 1934년 수준에서 머물고 있음을 알 수 있다.

단순한 키워드보다 더욱 주목해야 하는 것은 조선 사회의 올림픽 관심도와 직결되는 기사의 형태와 내용이다. 일반적으로 조선의 올림픽 민족주의가 표출된 기사 형태는 일반 단신보다는 필자나 신문사의 주장이 좀 더 직접적으로 표출되는 사설, 칼럼, 기획·연재기사 류에 가깝다. 올림픽을 키워드로 한 사설, 칼럼, 기획·연재기사의 빈도는 〈그래프 3〉과 같다. (*올림픽이라는 어휘는 포함되었으나 체육 분야가 아닌 '연극 올림픽', '문학 올림픽' 등의 기사는 빈도에서 제외했다.)

〈그래프 3〉 역시 〈그래프 2〉의 올림픽 민족주의 키워드 조사와 유사한 양상을 보인다. 1936년이 가장 높고 1937년부터는 급감하는데 1940년까지 수치가 1934년 수준에도 미치지 못함을 알 수 있다.

올림픽에 관한 칼럼이나 기획물의 빈도가 올림픽에 관한 깊은 관심을 나타내는 하나의 척도가 될 수는 있지만, 모

그래프 2-1 키워드 '올림픽(오륜)' 기사수

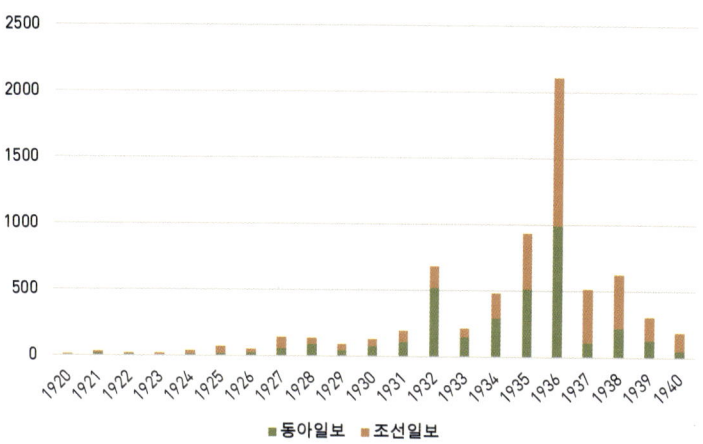

그래프 2-2 키워드 '손기정' 기사수

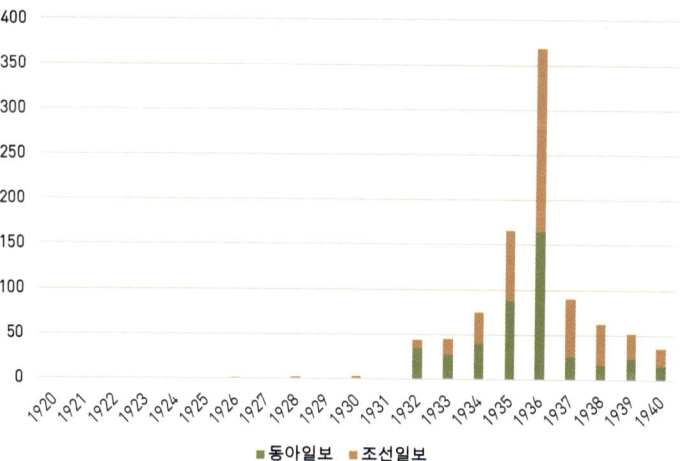

그래프 2-3 키워드 '마라손(마라톤)' 기사수

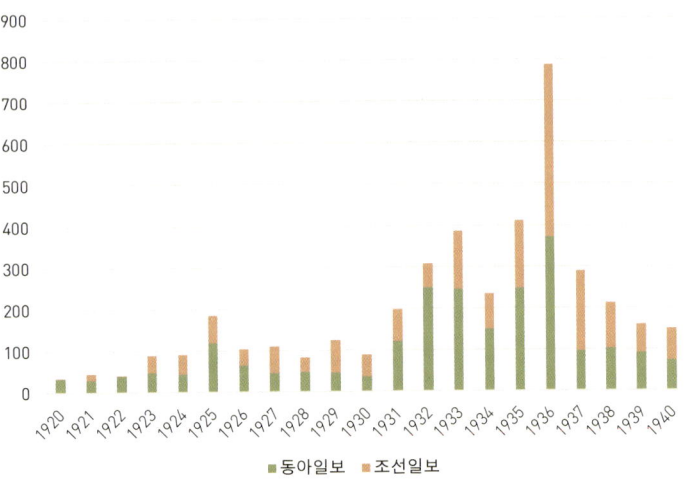

두 올림픽 민족주의로 연결된다고 할 수는 없다. 이를 보완하기 위해 사설, 칼럼, 기획·연재물의 내용을 전수 분석해보면 1936년 이전과 이후의 격차는 훨씬 확연해진다. 1937년부터 작성된 올림픽 관련 칼럼 및 기획물의 특징은 '올림픽 민족주의의 고사(枯死)'로 요약할 수 있다.

일장기말소사건으로 고초를 겪었던 『동아일보』는 1937년 이후 올림픽을 키워드로 하여 33개의 사설, 칼럼, 기획·연재물을 게재했으나 올림픽을 통해 조선인의 정체성을 강조한 민족주의적 보도는 단 4개에 불과했다. 『조선일보』 역시 3개에 그쳤다.

그래프 3 키워드 '올림픽' 사설, 칼럼, 기획·연재 기사수

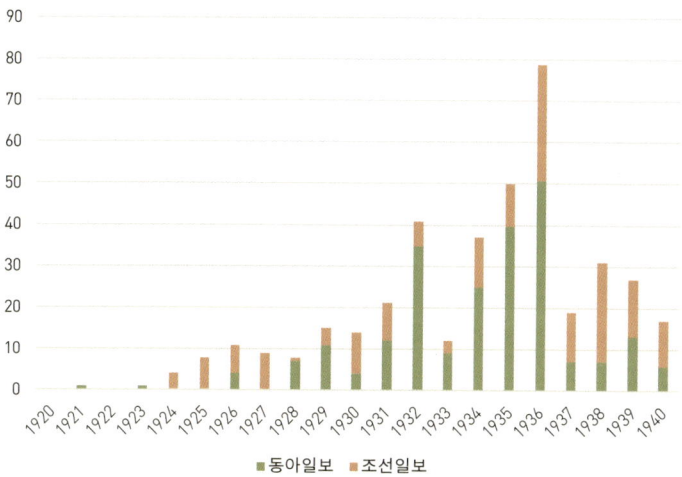

각 종목에 대한 상세한 소개나 전망을 분석한 기사가 주를 이룬 가운데, 졸업을 앞둔 중고교 운동선수의 연재물이나 특정 대회에서 활약한 선수의 인터뷰, 도쿄올림픽의 대체지로 선정된 핀란드 문화에 대한 소개 등으로 여성화되는 경향을 보인다.

도쿄올림픽 취소 사태와 관련해서 당대 체육계의 조선인 실력자 이상백의 칼럼에 많은 지면을 할애한 것이 눈에 띈다. 이상백은 도쿄올림픽이 중단된 이유를 요약하고 일견 일제의 시국 운영 방침에 동조하는 태도를 보이는 듯하지만, 이 시국과 도쿄올림픽 중단 사태가 결국 '운동경기 탄압이나 올림픽

운동 멸시'로 이어진다는 것을 간파하고 있음을 알 수 있다.

도쿄올림픽을 중지한 것은 현 시국에서 올림픽대회의 큰 설비를 허가할 수 없는 데 최대의 직접 동기가 있으며 국민의 전반 정신과 결력(結力)을 사변완결에 몰두할 현 상태에 있어서 올림픽 같은 국내의 주의와 관심과 노력을 집중할 거사를 수행하는 것이 적당하지 않으며 또한 불능하니 다른 날 평화 시를 기약하기로 하고 현재는 중지하는 것이 적당하다는 취지다. …
그러나 여기서 문제는 도쿄올림픽 중지의 사정 설명이 아니라 그것이 결코 국민체육의 경시나 운동경기 탄압이나 올림픽 운동 멸시의 소치가 아니라는 것을 극언(極言)하고자 한다.
그뿐만 아니라 시국긴장의 현재에 있어서 국민체력문제, 따라서 체육 운동과 경기장려가 더욱 필수 초미의 긴급한 일이라는 것을 명심할 필요가 있으니 공연히 이번의 중지를 편견해서 체육운동의 소극화를 의미하는 현상이라고 보게 되면 대일본체육협회는 물론, 후생성 당국자들의 본심과 절원을 곡해하고 무시한다는 의론을 받지 않을 수 없다.

『조선일보』, 이상백, 「도쿄올림픽 반상(返上)과 제문제, 도쿄에서」, 1938. 7. 29.

싸늘하게 식은 올림픽 신드롬

올림픽에 출전도 하지 못하던 1920년대에 이미 "약소국이라고 운동도 약하랴?" 포효하며 올림픽에 눈을 떠가던 식민지 조선 사회였으나 최소한 1936년을 기점으로 미디어에서는 그 열기가 싸늘하게 식었음을 통계를 통해 알 수 있다.

이는 일제의 군국주의화에 발맞추어 1936년부터 조선총독부 경무국에서 주도한 '조선어신문용용지면개선사항'(1936), '언문신문지면쇄신요령'(1937), '편집에 관한 희망 및 주의사항'(1939) 등 강도를 더해가는 언론통제에서 기인한 바가 크다. 조선의 민족주의 확산 저지를 위해 강도 높은 언론통제를 진행한 결과 미디어를 통해 확산해온 조선의 올림픽 민족주의가 직격탄을 맞았다고 해석할 수 있다. 조선총독부에서도 중일전쟁의 치안 대책으로서 언론통제의 효과를 자화자찬하고 있다.

> 사건 발발 당초 매우 소극적인 논조에 머물렀던 조선문 신문도 당국의 지도에 따라 조선 내 민심의 동향을 반영하여 성업 익찬의 적극적인 논조로 바뀌었으며 일반 민중 역시 급속하게 황국신민으로서 자각해갔다. 조선총독부, 『시정30년사』, 1940

1940년 제12회 도쿄올림픽에 대한 조선 사회의 신문 보도를 좀 더 살펴보면 조선에서 '도쿄올림픽을 계기'로 무언가가 진행된다는 기사가 10여 종류 등장한다. 조선총독부에서 금강산 탐승시설을 만든다거나, 지역에 관광협회가 설립되었다는 기사, 올림픽 출전선수를 위해 43만 엔을 들여 경성운동장을 개보수한다는 기사가 대표적이다. 이 단발성 기사들은 구체적인 활동상에 대한 후속 보도 하나 없이 끝내 실현되지 않은 보도가 되었다.

또한 각 지역의 금융조합에서 올림픽 관련 저축상품이 좋은 실적을 기록하고 있다는 내용의 단신들도 10여 건 존재한다. 예를 들어 『매일신보』 1937년 5월 8일 자 「올림픽여비저금 2900원 돌파」를 들 수 있다. 저축한 사람이 재조일본인인지 조선인인지, 올림픽 때문인지 수익률 덕분인지 파악할 정보가 없어서 막연히 올림픽 열풍의 근거가 되기엔 부족한 점이 있다. 이러한 분위기 속에서 도쿄올림픽 성화봉송이 조선을 거쳐 갈 것으로 예상하는 중요한 소식이 정작 조선에 전혀 알려지지 않았던 것은 그리 이상한 일이 아니다.

1940년 제12회 도쿄올림픽은 1938년 7월 일본 정부가 스스로 개최권을 반납하며 사라졌다는 통념이 무색하게, 식민지 조선에서는 1936년 8월의 올림픽 민족주의 신드롬 직후부터 이미 축제에서 배제되어 사라지기 시작하였던 것이다.

제5장

군국주의의 올림픽

전쟁을 위한 체육

스포츠를 대체한 군사체육

일제는 영국 등 서구 제국주의 국가들과 마찬가지로 스포츠를 활용한 식민지배를 시도했고 조선에서는 1936년 베를린올림픽 때 민족주의의 폭발이라는 심각한 부작용을 겪었다. 일제는 자국에서 열릴 예정이었던 1940년 도쿄올림픽에서 조선 사회를 일찌감치 배제하는 방식으로 올림픽 민족주의라는 부작용을 최소화하면서도 스포츠를 통한 식민지배의 장점까지 포기하지는 않았다.

도쿄올림픽은 취소되었지만 올림픽 개최의 가장 중요한 명분이었던 소위 '기원 2600년'은 남아 있었고 더 큰 전쟁이 기다리고 있었다. 일제는 도쿄올림픽을 대체할 만한 스포츠

1938년 9월 25일 『조선일보』에 게재된 조선연합청년단결성식 중의 황국신민체조 모습

행사를 궁리하는 동시에 스포츠의 군국주의화를 꾀했다.

1937년 7월 일제의 군국주의가 중일전쟁으로 노골화하자 조선총독부는 10월에 "우리는 대일본제국의 신민입니다"로 시작하는 '황국신민의 서사(誓詞)'와 일본식 검도를 체조화한 황국신민체조를 제정했다.

일제의 군국주의화가 가속화되면서 스포츠의 자리는 점차 황국신민체조 같은 군사체육으로 채워졌다. 일제는 체육활동을 국방력 증강과 직결시켰고 병사의 체위(體位) 향상이 신체활동의 주목적이 되었다. 1936년 이후 군사체육과 관련한 키

그래프 4-1 키워드 '스포츠' 기사수

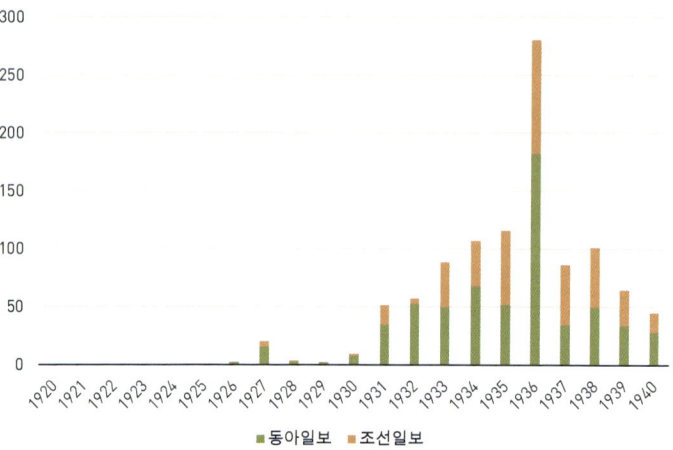

워드가 한글 신문에 출현하는 빈도를 살펴보면 식민지 조선의 스포츠가 어떻게 변모해 가는지 알 수 있다.

〈그래프 4-1〉의 '스포츠'는 서구에서 유입된 개념으로 몸을 움직이는 체육에다가 일정한 룰에 의한 경쟁을 수반하는 '운동경기'의 개념이다. 올림픽은 가장 대표적인 스포츠 행사이다. 〈그래프 4-2〉의 '체육'은 신체를 움직이는 활동을 포괄하는 개념이다. 전술한 황국신민체조는 스포츠가 아닌 체육이다. 〈그래프 4-3〉의 '체력'은 육체적 활동을 할 수 있는 신체의 힘을, 〈그래프 4-4〉의 '체위'는 몸이 튼튼한 정도를 나타내는 말이다.

그래프 4-2 키워드 '체육' 기사수

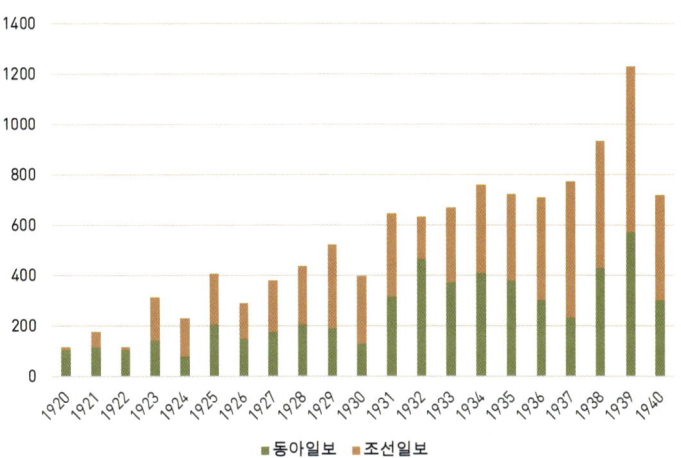

그래프 4-3 키워드 '체력' 기사수

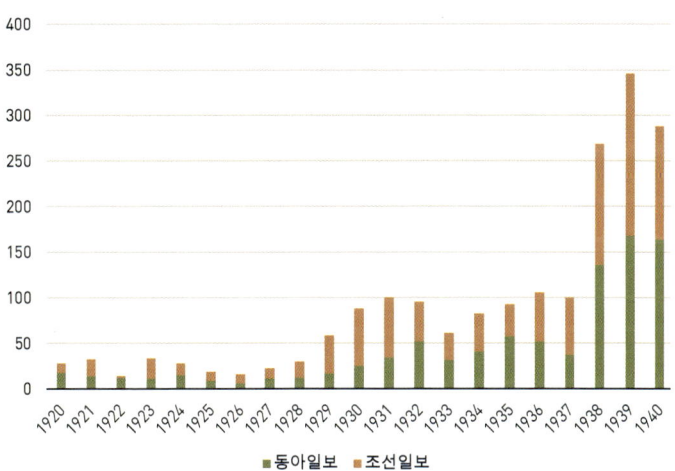

그래프 4-4 키워드 '체위' 기사수

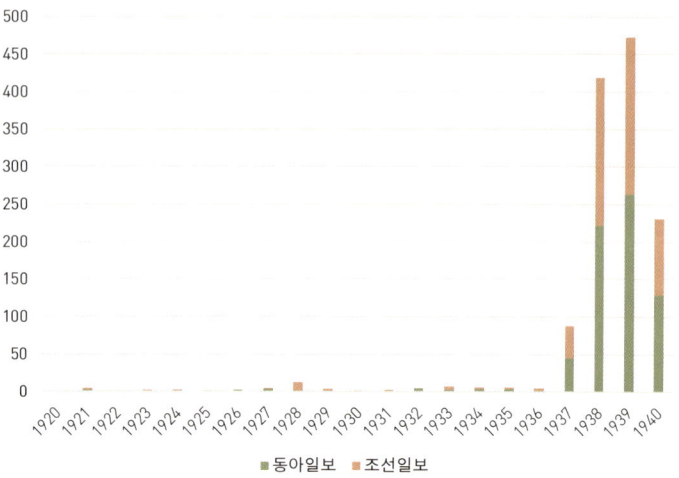

〈그래프 4-1〉의 '스포츠'는 1936년을 정점으로 1937년부터 크게 감소했고 반대로 '체육', '체력', '체위'는 1937년부터 크게 상승하는 양상을 볼 수 있다. '체육', '체력', '체위'는 식민지의 총동원체제와 직결되는 용어들로 조선총독부와 미디어를 통해 스포츠의 빈자리를 차지했다. 이를 앞선 〈그래프 2〉와 연동해보면 조선의 올림픽 민족주의와 국방체육 간의 반비례성도 확인할 수 있다.

〈그래프 5〉에서 '올림픽'이라는 키워드가 1936년에 가장 높은 빈도를 차지하는데, 이는 '스포츠', '손기정', '마라손'과

그래프 5 스포츠, 체육 관련 키워드 빈도 종합

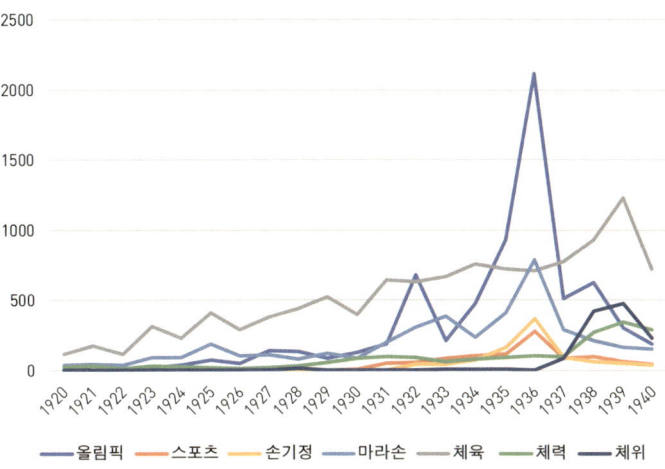

마찬가지로 1936년을 정점으로 하여 1937년에 급감하는 모습을 보인다. 군국주의하의 체육과 밀접한 관련이 있는 키워드 '체육', '체력', '체위'는 1937년부터 급상승하는 것을 확인할 수 있다. 당시 주요 일간지의 칼럼을 들여다보면 '체육'이라는 단어가 어떤 의미로 사용되고 있는지 그 분위기를 쉽게 파악할 수 있다.

> 어디까지라도 일본혼을 포장하는 가장 건전한 체구의 소유자인 일본인이 되는 수단이고 목적인 체육운동이 아니면 안 될 것

이다. (중략) 일본 1등, 세계 1등은 상실할지라도 존귀한 것은 일단 획득한 영예와 그것으로 연성된 심신이며 혼이며 진정한 황국 일본인인 것이다. 체육운동의 본질은 항상 전신전영을 황국의 대아에 공헌하는데 있다. 그 중요성도 여기 있다.

『조선일보』, 우메자와 게이자부로(梅澤慶三郎), 「체육운동의 진수」, 1939. 1. 1.

1인이 1운동을 계속 즉 체육의 생활화가 된다면 이것으로 말미암아 비상시 국민의 건강상태가 개선되고 국민의 작업능력이 향상될 것은 사실입니다. 충량한 국민으로서 의무를 완전히 이행하려면 적어도 1인 1운동주의를 준봉실천하는데에 있다고 나는 확신합니다.

『동아일보』, 오한영, 「1인1운동주의」, 1940. 1. 4.

일제가 주도한 체육경기대회

한때 제12회 도쿄올림픽으로 대표되었던 이 시기의 스포츠 이벤트는 일본과 식민지 조선에서 각종 군국주의화된 체육경기대회로 대체된다. 우선 1925년 시작되어 '조선의 올림픽대회'라고 불릴 정도로 높은 권위를 자랑하던 조선신궁봉찬체육대회(朝鮮神宮奉讚體育大會, 1933년 이전까지의 명칭은 조선신궁경기대회)도 군국주의 체육의 영향을 피해가지 못했다.

경기종목의 변화가 생겼는데 체육의 전쟁 목적성이 강화됨에 따라 1939년 제15회 대회부터는 육상 종목에 수류탄던지기, 중량운반계주가 신설됐고 이러한 종목들은 '기원 2600년의 해'로 더욱 성대하게 열렸던 1940년 대회부터 아예 육상 종목에서 분리해 '국방경기'라는 독립된 종목으로 운영했다.

조선신궁봉찬체육대회의 경기종목이 출범했던 시기를 살펴보면 초창기인 1920년대에는 구기가 주류를 이루다가 1930년대에 들어 점점 격투기가 증가하고 1930년대 후반에는 체조, 국방경기 등 군국주의적 목적을 띈 체육 종목이 도입됨을 확인할 수 있다.

조선신궁봉찬체육대회가 식민지 조선에서의 병력 동원이라는 일제의 필요를 반영한다면, 이 시기 급조된 만주국과의 관제 체육대회는 전시(戰時) 조선 - 만주국 간의 긴밀한 협력이 필요했던 일제 군국주의의 상황을 보여준다.

조선총독 미나미 지로는 조선과 일본을 연결하는 논리로 '내선일체'를, 조선과 만주국을 연결하는 논리로 '선만일여(鮮滿一如)'를 내세웠다. 만주국을 직접 통치했던 미나미는 1936년 8월 조선총독에 취임하며 도쿄에 보낸 성명서에서 "동양평화의 근기는 일만(日滿) 양국의 불가분의 관계를 더욱

표 2 조선신궁봉찬체육대회의 경기 종목 출범시기(1925~1941)

경기 종목	시작 연도	대회 회차
야구(野球)	1925년	제1회
테니스(庭球)		
배구(排球)		
농구(籠球)		
육상경기(陸上競技)		
축구(蹴球)	1926년	제2회
탁구(卓球)	1927년	제3회
마라손(マラソン)		
럭비(ラグビー)	1928년	제4회
궁도(弓道)		
스모(相撲)	1932년	제8회
조정(漕艇)		
수상(水上)		
검도(劍道)	1934년	제10회
유도(柔道)		
글라이더(滑空機)	1937년	제13회
역도(重量擧)		
자전차(自轉車)	1938년	제14회
권투(拳鬪)		
체조(体操)	1939년	제15회
국방경기(國防競技)	1940년	제16회
송구(送球)	1941년	제17회
조선궁도(朝鮮弓道)		
조선씨름(朝鮮相撲)		

확고하고 견고하게 하는 데 있고, 조선과 만주국은 접경한 관계이므로 양 민족은 실로 하나가 되어 공존공영해야 한다"고 주장하였다.

선만일여론이 제기된 이후 조선과 만주국은 대륙침략이라는 일제의 목표를 위해 밀접한 협력관계를 추구해야 했고 미나미는 여기에 심혈을 기울였다. 이것은 스포츠에도 영향을 미쳤다. 1940년 발간된 『시정 30년사』에서 조선총독부는 미나미의 치적으로 스포츠대회 중 유일하게 '선만(鮮滿)대항종합경기대회'를 언급했다.

> 1939년부터 조선체육협회와 만주제국체육총연맹이 협의하여 선만대항종합경기대회를 개최하기로 했고 그 결과 제1회를 경성에서 개최하여 각종 운동경기를 열어 상호 체육 향상에 상당한 효과를 거두는 동시에 이를 통해 선만 양 청년의 결합을 견고하게 하여 '선만일여(鮮滿一如)'의 실적 향상에 기여한 바가 적지 않았다.

『동아일보』에 따르면 제1회 대회는 1938년 8월 21일에 만주국 신경에서 개최했고 제2회 대회는 1939년 8월 19일부터 20일까지 양일간 경성에서 개최했다. 따라서 위의 조선총독부 문서는 이 대회의 시작연도와 제1회 대회의 장소를 잘못

기록했다.

제1회 대회는 봉천과 신경에서 나눠서 개최했는데 봉천대회는 명목상으론 전 만주와 전 조선 대항 육상경기로 개최되었지만 실제로는 조선팀과 만철팀 간의 경기로 진행되었다.

이듬해 경성에서 열렸던 제2회 대회의 개막식은 개회사, 양국 국가 합창, 국기 게양, 궁성요배, 1분간 묵념, 조선총독부 정무총감의 고사(법무국장 대독), 황국신민서사 제창 등의 순서가 포함되어 있어 전형적인 관제 체육행사의 양태를 보였다.

당초 조선과 만주국의 육상경기대회로 출발한 이 대회는 일제의 '대동아(大東亞)'라는 팽창주의 이데올로기 속에서 조선과 만주국의 지정학적 중요도가 높아지면서 종합경기대회로 확장됐고 시국이 급박해짐에 따라 1940년 제3회 대회를 끝으로 막을 내렸다.

조선에서의 군국주의화된 체육행사들은 일본 내에서 개최된 체육행사의 모습과 매우 흡사한 형태로 기획·진행됐다. 일제가 1940년 제12회 도쿄올림픽을 대체하기 위해 기획한 각종 '기원 2600년 봉축' 체육행사들 역시 철저히 군국주의를 추구했다.

중일전쟁 시기에 일만지(日滿支) 블록 개념으로 성립한 일제의 기대 영토는 1940년대에 이르러 동남아시아와 남태평양

부근까지 확장하며 소위 '동아신질서(東亞新秩序)', '대동아공영권(大東亞共榮圈)'을 형성하게 된다.

일본 정부가 도쿄올림픽을 대체하는 국제경기로 공식 인정한 동아경기대회(東亞競技大會)는 이 정세를 반영했다. 1938년 6월 6일부터 9일까지 4일간 도쿄에서 개최된 이 대회는 만주국, 중화민국(왕징웨이 정권), 태국, 필리핀, 하와이, 남양제령(南洋諸領)을 초청했다. 대일본체육협회장 시모무라 히로시(下村宏)는 "시국의 진전과 함께 도쿄올림픽을 헬싱키에 양보했는데 헬싱키 대회도 중지를 눈앞에 둔 상황에 맞춰 동아대회를 치르기로 했다"고 개최 취지를 밝혔다. 올림픽을 대신하는 국제경기를 표방했지만 당시 병력 자원으로 인정하지 않았던 여성 선수의 참가를 불허한 것이 이 대회의 성격을 보여준다.

올림픽 영웅 손기정의 운명

군국주의 경기에 동원된 스포츠 스타

1940년 일제는 '기원 2600년'을 기념하여 제11회 메이지신궁국민체육대회를 10월 27일부터 11월 3일까지 개최했다. 24개 종목에 참가인원은 무려 5만 2천 명에 이르며 만주국이 처음 참가했다. 기원 2600년 봉축 행사답게 폐막 이후에도 11월 27일부터 12월 6일까지 번외행사로 개국 신화의 주인공 진무의 동천(東遷) 경로에 따라 미야자키(宮崎)에서 우네비(畝傍)까지 역전경주대회를 열었고 조선·대만군(朝鮮·臺灣軍)이 우승했다.

이 대회의 폐막식의 성화주자 중에는 익숙한 인물이 등장한다. 바로 제11회 베를린올림픽 마라톤 우승자 손기정이다.

성화단에 참여했었던 손기정은 잡지 『삼천리』에 폐회식의 모습을 상세히 묘사했다.

> 탈모 총기립 하에 엄숙하게도 성은지기(聖恩之旗)가 입장되어 단상에 봉영된 후 최경례(最敬禮), 그리고 기미가요 제창, 궁성(宮城), 메이지신궁, 가시하라신궁(橿原神宮) 요배, 그 뒤에 메이지신궁으로부터 봉지(捧持)하여 온 성화의 1단이 도착하였는데 ….
> 국기게양대 앞에 정립하였던 성화단은 만장의 박수성리에 장내로 달려내려가 중앙을 거쳐 정면식단을 중심으로 설치된 23개구(篝)에 순차로 신화(神火)를 점화하였으며 이와 동시에 대기하고 있던 일본체육회체조학교 및 도쿄여자체조학교생도 200명의 송명단(松明團)이 일제히 점화하여 선수단을 광망 속에 쌌었다.

불과 5년 전, 손기정은 이 대회 마라톤에서 2위 일본 선수를 무려 5분 차이로 따돌리고 세계기록으로 우승하면서 조선민중을 일찌감치 올림픽 민족주의의 길로 인도했던 고교생이었다.

손기정에게 이런 일은 처음이 아니었다. 일본 군국주의는 식민지 출신의 올림픽 스타를 국가주의가 가장 강하게 작

1935년 11월 3일 일본 도쿄에서 열린 제8회 메이지신궁체육대회에서 2시간 26분 41초의 경이적인 세계최고기록으로 우승한 후 일장기가 나부끼는 시상대에서 고개를 떨군 양정고보 재학생 손기정. 5년 후 그는 일제의 전시 전체주의의 성격이 짙어진 이 대회의 성화주자로 동원된다.

용하는 지점에 소비했다. 이 행사 2년 전인 1938년, 손기정은 국민정신작흥체육대회(國民精神作興體育大會)라는 관제행사에서 중책을 맡았다. 이 대회에서는 성화봉송을 변형한 성모(聖矛, 창) 계주를 했는데 이세신궁(伊勢神宮)에서 시작해서 각지의 주요 신궁을 거쳤다. 손기정은 그 창을 받아서 대회장인 메이지신궁 경기장으로 들고 입장하는 역할이었다.

제21구를 담당한 아오야마 초등학교의 두선사(豆選士) 오가와 군(14) 이하 40명은 이세신궁에서 호위버스에 실은 횃불 60개에 불을 붙여 아카사카 구청 앞에서 외원 입구로 용감히 뛰어

(위) 1938년 11월 국민정신작흥체육대회에서 성모 봉송의 대표주자로 동원된 손기정
(아래) 일본 내각 정보부에서 발행하는 주간지 『사진주보』 1938년 11월 16일 자(제40호) 표지

내리고, 그렇게 기다리고 있던 올림픽 패자(霸者) 손기정 군에게 건네주면 손 군은 무라야시 요헤이 군 이하의 위단(衛團)에 지켜져 신궁경기장의 국민정신작흥대회장으로 역주. 회장은 이미 짙은 땅거미에 닫혀 있고, 갓등을 씌운 불(篝火)이 붉게 타오를 때 60여 개의 횃불이 성모를 지키며 회의장으로 몰려든다. 1만 관중은 만세(萬歲)의 환호를 울린다. 여기서 최종선사 가나구리 시조(金栗四三) 군에게 인계되고 기미가요 제창 후에 끝났다.

손기정을 내세운 학도병 모집

제국주의 시대에 신병 모집은 스포츠맨을 앞세워 진행되는 경우가 많았다. 일제는 이를 놓치지 않았고 손기정도 피하지 못했다. 태평양전쟁이 한창이었던 1943년 10월 21일, 일제는 도조 히데키(東條英機) 내각의 육군특별지원병임시채용규칙으로 학도병을 모집하기 시작했다. 1944년 8월을 기준으로 4,385명이 학병으로 출진했다.

학병은 비록 5,000명도 안 되는 규모였지만 조선총독부는 이 일에 많은 공을 들였다. 학병 장교가 조선인 병사를 거느린 일본군 간부로 출세하고 전장에서 공을 세워 권력과 떼려야 뗄 수 없는 정도로 밀착되었을 때 그 엘리트 청년 본인,

그 가족이나 고향 사람들의 대일감정이 크게 향상돼 큰 힘을 들이지 않고 영구히 조선을 지배할 묘안으로 일제는 기대했던 것이다.

이러한 학병 징집은 지원병제의 외형을 지녔지만 실제로는 조선 사회 내에서 영향력을 가진 자의 순회·방문 등의 설득 과정을 동반하는 특성이 있었다. 1943년 11월 13일 중구 하세가와(長谷川) 경성 상공회의소 회의실에서 '선배 유지(有志, 명망가)' 100여 명이 모여 간담회를 가졌다. 이날 전 연희전문 부교장 유억겸(俞億兼)을 좌장으로 추천하고, 재경 학생 선배 유지가 조선 내 13도를 분담해 학도의 출진을 격려하도록 결성한 것이 바로 '학도선배중견단(學徒先輩中堅團)'이다. 이 단체는 특히 학병 지원에 대해 도피와 주저의 뜻을 가진 학도에 대한 직접 담판에 역점을 뒀다.

학도선배중견단의 함경북도 담당자 3명 중에는 조선저축은행 행원으로 살고 있던 손기정의 이름이 올라 있었다. 훗날 손기정은 그 시절을 이렇게 회고했다.

> 나도 마라톤에서 이름깨나 났다 해서 학병 모집에 강제 동원되었다. 그렇지 않으면 무슨 화를 당할지도 모를 일이었다. 조인상(趙寅相) 선배와 함께 경성, 회령 등 함경북도 변방을 다니다 겪은 일이었다. 총독부가 시킨 대로 학병 지원을 권했다. 벽지

조선총독부 기관지 『경성일보』 1943년 11월 14일 자에 실린 손기정의 학도병 모집 기사

에 살면서도 그곳 사람들의 태도는 분명했다.

"나는 농사나 짓는 무식쟁이지만 내 아이들은 대학 공부까지 해서 나보다는 머리가 깬 아이다. 학병이 일본 사람들 말처럼 그렇게 국가를 위하고 자랑스러운 일이라면 그 아이가 스스로 나서지 왜 숨어 다니겠느냐?"

조선 땅에 그러한 판단을 갖지 않은 사람은 한 사람도 없었을 것이다. 그러나 그렇게 딱 부러지는 말로 반박하는 사람들은 처음 대해 보았다. 일을 판단하는 데는 글자 한두 자 알고 모르는 게 별 상관이 없는 듯했다. 학병 지원 권유에 나섰던 우리들은 새삼스럽게 바보짓을 하고 다녔음을 후회했다.

일제는 식민지 민족의 올림픽 영웅을 반민족적인 행태로 소비했고 기관지를 통해 널리 알렸다. 이것은 일제 군국주의가 식민지 조선인들이 올림픽으로 얻어온 희망, 올림픽 민족주의에 가한 가장 강력한 일격이었다. 이 상황을 맞이한 조선인의 심정은 ― 사실관계는 다소 다르게 파악했지만 ― 동시대 사람인 백범 김구의 발언에서 유추해 볼 수 있다.

> 1945년 역사적인 해방을 맞고 그 이듬해 8월 20일 덕수궁에서 이승만 박사, 김구 선생, 하지 중장 등이 참석한 가운데 '세계마라톤제패 10주년기념식'이 베풀어졌다.
> 이 자리에서 백범 선생은 초상화 크기만 한 자신의 사진 하단에 나로 인해 세 번의 눈물을 흘렸다는 내용의 한시 한 수를 친필로 적어 나의 베를린올림픽 마라톤 우승 10주년 기념 선물로 주었다.
> 백범 선생은 상하이(실제로는 난징―인용자 주)에서 독립운동을 하고 있던 36년에 손기정이란 조선 청년이 세계 마라톤을 제패했다는 소식을 듣고 '기쁨의 눈물'을 흘렸으나 그 청년이 일제 말기에는 학병으로 끌려가 필리핀 전선에 '용감히 싸우다가

조국 일본을 위해 장렬히 전사했다'는 일본 육군성 대본영의 발표를 듣고 우리 청년들의 정신이 그렇게도 썩었는가 하고 울분이 끓어올라 '설움의 눈물'을 흘렸다고 말했다.

그러나 그것은 물론 일본의 조작극이었다. 일본은 내가 베를린 올림픽에서 우승했을 때 이미 나를 내선일체의 선전물로 이용할 계획을 세워놓았으나 『동아일보』의 '일장기말소사건'으로 산산조각이 났고 패색이 짙어가던 43년에 들어서는 명분 없는 개죽음터에 조선 청년들을 몰아넣기 위해 내가 학병으로 나아가 장렬히 전사했다고 사기극을 조작했으니 일제의 처사가 얼마나 야비하고 간악했나를 알 수 있다.

백범 선생은 죽었다던 손기정의 건장한 모습을 다시 보니 '반가움의 눈물'이 절로 나온다고 '세 번의 눈물'을 흘리게 된 사유를 말씀해 주셨다.

『동아일보』, 손기정, 「그때 그일들(22) – 범의 선물」, 1976. 1. 28.

1936년 8월 이후 수면 아래로 가라앉은 식민지 조선의 올림픽 민족주의는 되살아나지 않았다. 도쿄올림픽이 열릴 해였던 1940년 8월 10일 『조선일보』, 『동아일보』가 폐간되어 그나마 민족주의가 분출될 통로마저 잃었다. 조선체육회를 흡수했던 관변단체 조선체육협회도 이듬해 폐지되었고 군국주의화된 스포츠마저 아예 자취를 감췄다. 조선체육계 인사들은 "고도국방을 위해 가장 필요한 체위 향상을 하려면 체육관이 필요하다"며 식민당국을 회유하려 했지만 허사였다. 한때 올림픽 개최로 포장하려던 군국주의가 본색을 드러냈을 때 올림픽은 물론 스포츠까지 송두리째 말살했다.

1940년에 이어 1944년에 열렸어야 할 하계올림픽도 개최되지 않았다. 그 시간에 개최국 영국은 앞서 올림픽을 주도했던 두 파시즘 국가를 맞아 전쟁을 벌이고 있었다. 올림픽은 인류 역사상 가장 큰 인명 피해를 겪고 나서야 재개될 수 있었다.

조선의 올림픽 민족주의가 남긴 것

제2차 세계대전 전의 마지막 올림픽이었던 1936년 제11회 베를린올림픽은 역사상 가장 강력한 정치적 도구성을 보였던 올림픽이었다. 뒤이어 1940년에 개최될 예정이었던 제12회 도쿄올림픽은 유치에서 개최 준비, 개최 포기에 이르기까지 전 과정에 걸쳐 군국주의가 스포츠와 올림픽을 어떻게 오염시키는지를 매우 일관되게 보여주었다. 1930년대 중반 세계에서 올림픽 유치에 가장 많은 공을 들였던 이 두 국가가 불과 몇 년 후 전범국이라는 오명도 함께 쓴 것은 올림픽에 내재된 정치적 속성이 극대화된 필연이었다.

조선의 올림픽 민족주의는 바로 이 파시즘의 틈바구니에서 극적으로 분출됐다. 일제는 올림픽이라는 국가적 스포츠 이벤트를 통해 내선융화를 강화하고 이를 바탕으로 '국민총동원'으로 확장하려는 통치 전략을 구상했다.

그러나 정작 조선인들에게 올림픽은 국가가 아닌 민족 단위로 인식되는 행사였다. 조선인에게 올림픽은 식민지 통치권력이 강요해온 열등감과 차별에 맞서 저항과 통쾌라는 공통의 감정을 경험하는 장이었다. 이것이 바로 식민지 조선의 올림픽 민족주의였다. 이 올림픽 민족주의는 꾸준히 끓어오르다 결국 베를린올림픽에서 고교생 손기정의 우승으로 폭발해 일제 식민당국에 체제의 위협으로 떠올랐다. 이는 지배권력의 사회문화적 통제 전략이 민중 사회에서는 전혀 의도하지 않은 방향으로 전개될 수 있음을 시사한다.

올림픽 민족주의라는 부작용을 맞이한 일제는 자국에서 올림픽이 곧 개최될 예정임에도 식민지 조선 사회에서 올림픽을 배제하는 전략을 구사했다. 민족주의의 확산 창구인 언론에 대해서는 무자비한 통제로 대응했다. 올림픽 개최 열기가 한동안 뜨거웠던 일본과는 달리 조선의 올림픽 신드롬은 빠르게 냉각되었다.

1940년 개최 예정이었던 도쿄올림픽은 결국 1938년 7월 일본 정부가 개최권을 반납하며 역사 속으로 사라졌다. 그러나 조선 사회에서는 이미 1936년 8월 올림픽 민족주의 열풍 직후부터 사라지기 시작했다. 이는 한국인이 '인류의 대제전'을 표방하는 올림픽에 참가한 이래 올림픽에서 의도적으로 배제된 최초의 역사가 되었다. 더 나아가 일상에서 축제와 즐거움을 상징해온 올림픽 류의 대규모 국제 이벤트에서 특정 집단이 소외되는 한 유형을 보여준다.

식민지 조선의 올림픽 민족주의는 군국주의 시대를 거치며 일제의 스포츠 말살정책과 함께 소멸한 듯 보였으나 해방과 동시에 자연스럽게 부활했다. 1930년대를 거치며 한국인의 DNA에 이식된 올림픽 민족주의는 이제 올림픽뿐만 아니라 더욱 다양해진 주요 스포츠 이벤트마다 '세계 제패', '극일(克日)'이라는 일관된 역사 경로를 보이며 오늘날 국민 정서의 중요한 축을 담당하고 있다.

나가며
올림픽 때마다 주변을 둘러본다

올림픽 개최의 명과 암

1988년 9월 17일 토요일, 서울 잠실. 구름 한 점 없는 청명한 가을 하늘 아래 올림픽 주경기장으로 성화를 들고 뛰어들어오는 백발의 노인이 있었다. 노인은 무게가 제법 나가는 성화봉을 들고도 펄쩍펄쩍 뛰며 관중석을 향해 양팔을 연신 빙글빙글 돌렸다. 흥을 주체하지 못한 노인의 정체는 1936년 베를린올림픽 금메달리스트 손기정. 가슴에는 52년 전의 일장기 대신 한국의 전통 문양 삼태극으로 만든 1988년 서울올림픽 엠블럼이 선명했다. 76세 고령이었지만 그는 해방된 조국에서 비로소 개최된 올림픽에 성화주자로 참여해 온몸으로 감격을 표현했다. 외국인들에게는 특별한 감흥이 없었겠지만,

1988년 9월 17일 제24회 서울올림픽 개회식에서 성화를 들고 올림픽 주경기장에 등장한 손기정. 나라 잃고 눈물을 쏟았던 24세 청년은 76세 노인이 돼서야 해방된 조국에서 개최된 올림픽을 즐길 수 있었다. 출처: 손기정기념재단

손기정의 역사를 아는 한국인들에게는 여전히 서울올림픽 최고의 명장면으로 꼽힌다.

1988년 제24회 서울올림픽은 한국이 한국전쟁의 잿더미 속에서 눈부신 발전을 거듭해 세계무대에 데뷔한 계기였다. 특히 1980년 제22회 모스크바올림픽과 1984년 제23회 LA 올림픽이 각각 서구권과 동구권의 보이콧으로 반쪽짜리 올림픽에 그친 데 반해, 12년 만에 동서가 하나로 모여 세계 평화에도 기여한 성공적인 대회였다.

한국은 분명 올림픽 개최의 수혜자였고, 중앙정부든 지방정부든 정치권력의 국제대회 유치 욕망을 자극하는 롤모델이 되었다. 그러나 일제강점기 식민지 조선의 올림픽의 역사는 우리가 올림픽 같은 대규모 국제행사를 대할 때 경계가 필요하다는 점을 시사한다.

먼저, 올림픽을 개최하기 위해 각종 로비 등 편법과 유례없이 막대한 예산을 동원하려 했던 1940년 올림픽 유치 당시 일본의 모습을 떠올려 보면, 올림픽이나 월드컵 등 대규모 국제 이벤트가 순수하게 개최국을 위한 것이냐, 개최하는 정치권력을 위한 것이냐를 생각하게 된다.

세금에 대한 감시가 강해진 요즘은 '올림픽 개최 = 대박'이라는 공식이 무너져, 일반 시민도 늘 적자투성이인 올림픽 유치를 냉철하게 바라보고 있는 것은 다행스러운 일이다.

굳이 경제적 이해득실이 아니라도 정치권력이 올림픽 같은 대형 국제행사의 유치를 추진하면서 특정 목적의 프로파간다를 강조하거나, 시민 절대다수의 동의 없이 강행한다면 국가를 위험에 빠뜨릴 수도 있다.

가까운 예로 지난 2020년 제32회 도쿄올림픽 개최 과정을 살펴보자. 전 세계에서 하루에 수만 명이 코로나19에 감염돼 수천 명이 사망하고 있었고, 일본사회는 올림픽 개최 반대 여론으로 들끓었다. 그럼에도 당시 일본 총리 아베 신조(安倍

晋三)는 올림픽의 온전한 강행을 주장했다. 결국 올림픽이 1년 연기되고 2021년 7월 개최 당시 총리였던 스가 요시히데(菅義偉)도 올림픽 강행 입장에는 변화가 없었다. 올림픽이 연기된 1년 내내 세계의 관심사는 '일본 정부가 올림픽에 왜 이렇게까지 집착하느냐'는 것이었다.

일본은 1964년 도쿄에서 아시아 최초로 하계올림픽을 개최하면서 제2차 세계대전 패전의 잿더미에서 전후 부흥을 세계에 알리는 데 성공했다. 특히 성화 최종 점화자를 1945년 8월 6일 히로시마에 원자폭탄이 떨어지던 날, 히로시마현에서 태어나 육상선수로 성장한 청년 사카이 요시노리(坂井義則)를 내세워 일본의 원폭 피해자성을 부각했다.

당시 열 살 어린이였던 아베 신조가 지켜봤던 이 올림픽을 유치하는 데 성공한 총리는 외할아버지 기시 노부스케(岸信介)였다. 이 올림픽을 '일본이 가장 빛났던 순간'이라고 정의 내린 아베 신조는 본인의 낮은 지지율, 오래된 경기침체, 후쿠시마 방사능 문제 등을 해결할 만병통치약을 40여 년 전 외조부의 올림픽 유치에서 찾았다.

그러나 일본 정부가 노렸던 2011년 동일본 대지진을 극복한 '부흥 올림픽'은 어디에도 없었다. 남은 것은 올림픽 유치 당시 계획했던 예산을 두 배 초과한 7조 원가량의 천문학적 손실과 대회 후 방치된 경기장들, 그리고 유치 과정에서의

1964년 10월 10일 제18회 도쿄올림픽 개회식 성화 점화자는 1945년 8월 6일 히로시마에 원자폭탄이 투하된 날 히로시마에서 태어난 와세다대 1학년 육상선수 사카이 요시노리였다. 이 연출을 통해 일본은 전쟁의 피해자성과 전후 부흥을 알리고자 했다.

추잡한 뇌물 스캔들이었다. 올림픽을 유치하고 강행한 아베 신조마저 개막식에 불참하면서 스스로 발을 빼 일본 여론의 강력한 질타를 받았다.

올림픽은 국제정세를 반영하는 지표가 되기도 한다. 올림픽을 포함해 대규모 국제행사 개최에 집착하는 국가들이 늘

어나는 시기는 국제정세가 건강하지 않게 돌아갈 개연성이 높다.

이 책에서는 올림픽이 정치에 심각하게 병들었던 시기를 다뤘다. 국제정세에 긴장감이 돌던 1930년대에 세계에서 올림픽 개최 혹은 유치에 가장 공을 들인 국가는 독일(1936)과 일본(1940)이었고, 월드컵은 이탈리아(1934)였다. 국내외적으로 내보여야 할 프로파간다가 많았던 이 군국주의 국가들이 불과 몇 년 후 세계대전을 도발하고 결국 전범국이라는 역사의 오명을 남긴 것은 우연이 아니다.

1940년 도쿄올림픽은 직전 베를린올림픽을 롤모델로 삼았고, 개최국인 나치 독일로부터 주경기장 설계, 성화봉송 등에서 기술적 지원을 받았다. 올림픽 유치 과정에서 가장 유력한 경쟁국이었던 이탈리아는 일본에 올림픽 개최를 양보했다. 독일과 이탈리아는 일본의 올림픽 개최권 박탈을 논의한 1938년 IOC 카이로총회에서 도쿄올림픽의 유지 입장을 강력히 주장하는 등 훗날 제2차 세계대전 추축국을 결성한 첫 연결고리를 올림픽 외교에서 이뤘다.

그리고 1930년 이후에 올림픽을 개최 혹은 유치한 미국(1932)과 영국(1944), 월드컵을 개최한 프랑스(1938) 역시 세계대전을 피하지 못하고 앞의 세 추축국과 맞서 막대한 희생을 치러야 했다.

경계하며 즐기는 올림픽

　식민지 조선의 올림픽 역사는 이 책에 등장한 올림픽을 구성하는 네 주체, 선수-민중-정치권력-언론에 '경계'라는 시사점을 준다.

　국가대표 선수들은 지금 자신이 받고 있는 응원과 혜택, 혹은 비난이 어떠한 구조에서 나오는 것인지 인식할 필요가 있다. 같은 민족, 같은 국적을 대표한다는 것은 대개 선수로서 운동을 잘하는 것 이상을 요구한다. 정치권력은 스포츠 스타의 건강한 영향력을 활용하고 싶은 욕망이 있다. 100년 전이든 지금이든 미래든 스포츠 스타는 언제나 정치권력의 이익에 소비될 수 있음을 경계해야 한다. 그래서 국가대표 선수는 '내가 일제강점기 손기정이었으면 어떻게 살 것인가?'라는 주제를 곱씹어 볼 만하다.

　올림픽을 소비하는 민중은 세계인의 축제를 즐기는 가운데, 이를 정치의 도구로 활용하려는 정치권력을 늘 면밀히 감시해야 한다. 정치권력이 문화나 스포츠로 사회를 길들이려는 시도가 의도한 방향으로 흘러가지 않을 것이라는 메시지를 끊임없이 던져야 한다.

　민중이 소비하는 올림픽의 양상은 언론과 직접 맞닿아 있다. 1930년대 조선의 올림픽 민족주의 열풍을 한반도 전역으로 확산시켜 일제 식민당국을 긴장시킨 것은 한글 언론의 필봉이었다. 그러나 예나 지금이나 과도한 민족주의에 편승해 상업적 이익을 추구하는 언론이 존재해 왔음을 생각했을 때 언론에 대해서도 민중의 지속적인 감시와 비판이 필요하다.

마지막으로 경계해야 할 지점은 '올림픽이 과연 온전한 지구촌의 축제일까'에 관한 것이다. 지금은 빼앗긴 조국을 되찾아 한국인이 딴 금메달은 한국의 금메달이 되었다. 그러나 불과 100년도 안 된 과거에 한국인은 올림픽을 국가대항전이 아니라 민족대항전으로 인식하며 열광했으나 결국 올림픽에서 소외되었던 민족이었다. 그 시기를 극복하고 지금은 선진국이면서 스포츠 강국이 되어 있다. 이제 메달 색깔이나 개수에 열광하는 시대를 지나, 예전의 식민지 조선처럼 이번 올림픽에서 소외된 국가나 민족이 어디인지 둘러보는 시간을 가졌으면 한다.

올림픽은 태생적으로 내재한 정치성 때문에 모든 지구인의 축제가 될 가능성은 없다. 그러나 한국인은 올림픽을 진정한 세계인의 축제로 만들어 나갈 만한 역사적 경험을 했다. 앞으로 우리가 경계하며 즐기는 올림픽은 더욱 건강해질 것이다.

미주

1 이 연구는 다음 선행연구의 도움을 받았다. 이기훈, 2014, 『청년아 청년아 우리 청년아』, 돌베개; 천정환, 2010, 『조선의 사나이거든 풋뽈을 차라』, 푸른역사; 金誠, 2017, 『近代日本·朝鮮とスポーツ』, 塙書房; 장신, 2005, 「1930년대 언론의 상업화와 조선·동아일보의 선택」, 『역사비평』 70; 손환·하정희, 2013, 「손기정의 민족의식 형성에 관한 연구」, 『한국체육학회지』 52(2).
2 Sandra Collins, 2007, *The 1940 Tokyo Games: The Missing Olympics*, Routledge.
3 Lee Seok, 2016, *Colonial Korea and the Olympic Games, 1910–1945*, Thesis (Ph.D.) University of Pennsylvania: East Asian Languages and Civilizations.

참고문헌

1. 자료

<일본정부 및 조선총독부 자료>

朝鮮總督府,『朝鮮總督府官報』.

朝鮮總督府, 1940,『施政三十年史』,.

朝鮮總督府 警務局 保安果, 1936,『高等警察報』5.

朝鮮總督府, 1936~1937,『朝鮮總督府施政年報』.

朝鮮總督府 警務局, 1937,『昭和12年 第七十三回 帝國議會 說明資料』.

朝鮮總督府 官房文書課, 1941,『諭告·訓示·演述 總攬』.

朝鮮總督府 官房文書課, 1932,「第十二回中樞院會議ニ於ケル總督訓示」.

極東時報社(編), 1929,『朝鮮博覽會記念寫眞』.

日本國『官報』.

日本 文部省, 1937,『文部部內臨時職員設置制中改正ノ件』.

日本 外務省, 1938,『オリンピック東京大會取止メニ関スル件』.

日本 外務省, 1938, 電報 第90號,『國際「オリムピック」競技大會一件』.

日本 外務省, 1940,『體育並運動競技関係雜件 第七卷 7. 東亞競技大會関係』.

日本 外務省, 1936, 記錄 第11號,「在智 特命全權公使 矢野 発 外務省 情報部長 天羽英二」.

日本 内務省 警保局, 1936. 8. 10, 『特高外事月報』.

日本國會 衆議院, 1937, 『第70回 帝國議会 衆議院 予算委員会議録』.

日本國會 衆議院, 1937, 『第72回 帝國議会 衆議院 予算委員会議録』.

日本 大蔵省, 1998, 『大蔵省史』.

日本 大蔵省, 1965, 『昭和財政史』.

<국제올림픽위원회, 1940 도쿄올림픽조직위원회, 일본체육협회 등 체육계 자료>

IOC, 1936. 11. 7, *Official Bulletin of the International Olympic Committee*.

IOC, 1994, *1894-1994 The INTERNATIONAL OLYMPIC COMMITTEE 100 Year -The Idea, The Presidents, The Achievements*.

IOC, 2020, "The Olympic Movement," *OLYMPIC CHARTER IN FORCE AS FROM 17 JULY 2020*.

Count Baillet-Latour, *IOC Presidents Correspondence Dossier*, IOC Archives.

The Organizing Committee of the XIIth Olympiad 1940, 1940, *Report of the Organizing Committee on its work for the XIIth Olympic Games of 1940 in Tokyo until the relinquishment*.

第12回東京オリンピック組織委員會事務局, 『會報』.

大日本體育協会 編, 1936, 『オリムピックの書』, 三省堂.

永井松三, 1938. 5, 『オリンピック東京大會に就て(附.欧米の日支事変観と不安なる欧州の近情)』, 日本外交協會.

<국내외 신문 및 잡지, 영상자료>

조선

『朝鮮中央日報』,『東亞日報』,『朝鮮日報』,『每日申報』,『釜山日報』,『京城日報』,『三千里』,『新民』.

일본

『讀賣新聞』,『東京朝日新聞』,『大阪每日新聞』,『東京日日新聞』,『時事新報』,『盛京時報』, NHK,『日本ニュース』,『オリムピック』.

미국

The New York Times, The Spectator.

2. 연구문헌

<단행본 및 해외 논문>

강덕상, 2016,『일제강점기말 조선학도병의 자화상』, 선인.

김도형, 2014,『근대 한국의 문명전환과 개혁론』, 지식산업사.

김용섭, 2011,『역사의 오솔길을 가면서』, 지식산업사.

박영준, 2020,『제국 일본의 전쟁』, 사회평론아카데미.

박찬승, 2010,『민족·민족주의』, 小花.

손기정, 2012,『나의 祖國 나의 마라톤』, 학마을 B&M.

양동주, 2010,『스포츠 정치학』, 동명사.

에르네스트 르낭 저, 신행선 역, 2002,『민족이란 무엇인가』, 책세상.

요시다 순야 저, 이태문 역, 2004,『박람회-근대의 시선』, 논형.

이기훈, 2014,『청년아 청년아 우리 청년아』, 돌베개.

정상수, 2009,『제국주의』, 책세상.

채백, 2008,『사라진 일장기의 진실-일제강점기 일장기 말소 사건 연구』, 커뮤니케이션북스.

천정환, 2010, 『조선의 사나이거든 풋뽈을 차라』, 푸른역사.

橋本一夫, 2014, 『幻の東京オリンピック 1940年大會-招致から返上まで』, 講談社學術文庫.

金誠, 2017, 『近代日本·朝鮮とスポーツ』, 塙書房.

夫馬信一, 2016, 『幻の東京五輪·万博 1940』, 原書房.

御手洗辰雄, 1957, 『南次郎』, 南次郎伝記刊行会.

奧野健男, 2014, 『東京オリンピック-文學者の見た世紀の祭典』, 講談社.

青沼裕之, 2002, 「オリンピック大會を自然死させよ!」, 『近代ヨーロッパ探求 ⑧ スポーツ』, ミネルヴァ書房.

坂上康博, 高岡裕之 編, 2009, 『幻の東京オリンピックとその時代』, 青弓社.

黑野耐, 2000, 『帝國國防方針の研究』, 總和社.

Allen Guttmann, 2005, *National Identity and Global Sports Events*, Albany: SUNY Press.

Arnd Krüger, 2003, *Nazi Olympics: Sport, Politics, and Appeasement in the 1930s*.

Brundage. A, 1972, *Die Herausforderung*. München: Pro Sport.

Henry L. Plaine, 1962, *Darwin, Marx, and Wagner: A Symposium*, Columbus: Ohio State University Press.

J. M. Brohm, 1986, *OlympiaBerlin: Gewalt und Mythos in den Olympischen Spielen von Berlin 1936*, Freie Universität Berlin.

Lee Seok, 2016, *Colonial Korea and the Olympic Games, 1910-1945*, Thesis (Ph.D.) University of Pennsylvania: East Asian Languages and Civilizations.

Mandell, R, 1984, *Sport: A cultural history*, Colunbia University Press.

Sandra Collins, 2007, *The 1940 Tokyo Games: The Missing Olympics*, Routledge.

Torbjörn Tannsjö, 2000, *Values in Sport: Elitism, Nationalism, Gender Equality, and the Scientific Manufacture of Winners*, Spon.

<연구논문>

곽형기, 2001, 「올림픽의 본질과 발전 요인에 관한 재조명」, 『한국체육학회지』 40(4).

김나라, 2016, 「1929년 조선박람회 경성협찬회 연구」, 연세대학교 석사학위논문.

김명권, 2013, 「일본 언론매체의 손기정 마라톤 우승 보도에 나타난 민족주의」, 『한국체육사학회지』 18(1).

김미숙·김동선, 2011, 「나치정권의 유대인스포츠에 대한 통제」, 『체육사학회지』, 16(2).

김상순, 1996, 「근대 올림픽 변천 과정에 나타난 정치적인 문제점에 관한 연구」, 『한국체육과학회지』 5(1).

김석기, 2015, 「근대올림픽 부활에 있어서 19C 박람회와의 이념적 관계」, 『움직임의 철학: 한국체육철학회지』 64.

김옥희, 2015, 「일본 근대문학과 스포츠 내셔널리즘」, 『일본연구』 38.

김창규, 1985, 「근대 올림픽의 문제점에 관한 고찰」, 『스포츠과학연구소논총』 3(0)

남기웅, 2008, 「1929년 조선박람회와 '식민지 근대성'」, 『韓國學論集』 43.

백승세, 2009, 「'朝鮮學運動'系列의 自己正體性 摸索과 近代觀」, 『일제하 한국사회의 전통과 근대인식』, 혜안.

서병로, 2000, 「올림픽의 정치적 배경과 과제」, 『한국체육과학회지』 9(2).

손환·하정희, 2013, 「손기정의 민족의식 형성에 관한 연구」, 『한국체육학회지』 52(2).

신주백, 2004, 「[한국적 근대는 어떻게 만들어졌나] 박람회-과시·선전·계몽·소비의 체험공간」, 『역사비평』.

신현군, 2012, 「올림픽의 정치학: 문제점과 해결방안」, 『움직임의 철학: 한국체육철학회지』 20(4).

심혜경, 2014, 「한국 스포츠-민족주의(Sports-nationalism)의 한 기원: 해방 전후 〈올림피아〉(레니 리펜슈달, 1938) 1부 〈민족의 제전〉, 올림픽과 마라톤 문화/기록영화의 상영을 중심으로」, 『문화예술연구』 25.

안진규·송일훈, 2015, 「≪朝鮮中央日報≫와 ≪東亞日報≫의 일장기말소사건」, 『한국체육학회지』, 54(5).

안현정, 2010, 「시선의 근대적 재편, 일제치하의 전시 공간」, 『한국문화연구』 19.

양순창, 2003, 「스포츠의 정치적 상징성과 상징조작 기제에 관한 연구」, 『국제정치논총』 43(3).

윤덕영, 2010, 「1920년대 전반 민족주의 세력의 민족운동 방향 모색과 그 성격」, 『사학연구』 98.

_____, 2012, 「1930년대 동아일보 계열의 정세인식 변화와 배경-체제 비판에서 체제 굴종으로」, 『사학연구』 108.

윤현명, 2012, 「근대일본의 임시군사비에 대한 일고찰: '제국'의 전쟁과 군사비의 통제」, 『한국학연구』 28.

이경훈, 2005, 「세계화 과정에서의 근대올림픽의 사회철학적 과제」, 『한국체육학회지』 44(3).

이동진, 2016, 「식민주의와 민족주의 사이-세 중국인 육상 선수를 사례로-」, 『동아시아문화연구』 66.

이학준, 2006, 「올림픽과 국가주의: 다른 시선」, 『움직임의 철학: 한국체육철학회지』 14(4).

장신, 2005, 「1930년대 언론의 상업화와 조선·동아일보의 선택」, 『역사비평』 70.

＿＿, 2016, 「조선총독부의 언론통제와 동아일보·조선일보 폐간」, 『역사문제연구』 35.

장인수, 2015, 「제국의 절취된 공공성 베를린올림픽 행사 '시'와 일장기 말소 사건」, 『반교어문연구』 40.

장주호, 2001, 「올림픽과 정치-이상과 현실의 변증법」, 『88서울올림픽기념 국제 스포츠과학학술대회』.

정기웅, 2010, 「소프트 파워와 메가 스포츠 이벤트: 도구적 관계성에 대한 비판적 고찰」, 『국제정치논총』 50(1).

정재정, 2013, 「일제하 동북아시아의 철도교통과 경성」, 『서울학연구』 52.

정찬모, 1997, 「손기정 선수의 베를린올림픽 마라톤제패가 우리민족에게 주는 역사적 의의」, 『체육사학회지』 2.

조건, 2016, 「일제 말기 한인 학병들의 중국지역 일본군 부대 탈출과 항일 투쟁」, 『한국독립운동사연구』 56.

주동진 외, 「손기정의 스포츠내셔널리즘」, 『민족문화논총』 52.

최공호, 2012, 「日帝時期의 博覽會政策과 近代工藝」, 『美術史論壇』 11, 2000.

최병택, 2018, 「1910~20년대 식민지 조선에서 개최된 공진회와 박람회의 성격」, 『전북사학』 53.

하정희·손환, 2017, 「일본의 문헌에서 본 스포츠영웅 손기정」, 『한국체육과학회지』 26(3).

허진석, 2014, 「1936년 베를린올림픽에서 독일 미디어에 비친 손기정 연구」, 『한국체육사학회지』 19(4).

＿＿＿, 2014, 「손기정 연구의 사료로서 영화 『올림피아(Olympia)』에 대

한 고찰」,『한국체육사학회지』19(1).

황의룡, 2008,「초기 근대올림픽의 역사사회학적 재조명-홉스봄의 만들어진 전통을 토대로」,『한국체육과학회지』17(3).

權學俊, 2009,「戰時期日本における「幻の東京オリンピッ」の祝祭性と政治性にする考察」,『日本學研究』28.

金誠, 2016,「スポーツにみる植民地権力とナショナリズムの相克-第11回オリンピック競技大會(ベルリン)の金メダリスト孫基禎を中心に」,『現代韓國朝鮮研究』16.

藤田大誠, 2018,「明治神宮外苑拡張構想と幻の東京オリンピッ」,『國學院大學人間開発學究』9.

田原淳子, 1993,「第12回オリンピック東京大會の開催中止をめぐる諸外國の反応について: 外務省外交史料館文書の分析を通して」,『體育學研究』38.

中村哲夫,「第12回オリンピック東京大會研究序説(Ⅱ)-その招致から返上まで」,『三重大學教育學部紀要』40.

_____, 2016,「東京オリンピック(1940年)の海外報道: ニューヨーク・タイムズを中心に」,『皇學館大學紀要』54.

関野満夫, 2019,「アジア太平洋戦争期日本の戦争財政」,『經濟學論纂』59(5·6).

隈本繁吉, 1974,「(秘) 敎化意見書」,『韓』3(10), 東京 韓國文化研究院.

高嶋航, 2010,「戰時下の平和の祭典-幻の東京オリンピックと極東スポーツ界-」,『京都大學文學部研究紀要』49.

B. Stoddart, 2006, "*Sport, Cultural Imperialism and Colonial Response in the British Empire*," Sport in Society 9(5).

Chien-Yu Lin and Ping-Chao Lee, 2007, "*Sport as a medium of national resistance: Politics and baseball in Taiwan during Japanese colonialism, 1895~1945,*" The International Journal of the History of Sport 24(3).

William Frederick Mandle, 1973, "*Cricket and Australian Nationalism in the Nineteenth Century*," Journal of the Royal Australian Historical Society 59(4).

찾아보기

ㄱ

검은 9월단 42
고노 이치로 90
국민정신작흥체육대회 160
국제올림픽위원회(IOC) 26
군국주의 19
권태하 58, 61
근대올림픽 18
기시 노부스케 173
기시다 히데토 96
김동진 121
김은배 58, 61, 65, 67

ㄴ

남승룡 67, 71, 110
내선일체 125
뉘른베르크법 31, 34

ㄷ

도조 히데키 162

도쿄올림픽 18, 78, 83, 90, 98, 139
도쿄올림픽조직위원회 94
동아경기대회 157

ㅁ

뮌헨올림픽 42
미국올림픽위원회 98
미나미 지로 110, 113, 153

ㅂ

바이에라투르 80
베를린올림픽 19, 31, 37, 45, 46
보이콧 33, 98
블랙 파워 설루트 42

ㅅ

사이조 야소 69, 70
사토 히데사부로 71
서항석 53

소에지마 미치마사 79
손기정 19, 20, 45, 47, 61, 65, 67, 71, 108, 110, 116
수평운동 53
스가 요시히데 173
스즈키 후사시게 71
시와쿠 다마오 71
심훈 70
쓰다 세이치로 62

ㅇ

아돌프 히틀러 29
아베 신조 172
앙리 드 바이에라투르 80
엄복동 57
에이버리 브런디지 26, 35
LA올림픽 57
오쿠노 다케오 86
올림픽 신드롬 19
요제프 괴벨스 37
우가키 가즈시게 115
일장기말소사건 20, 109, 110, 138

ㅈ

자이농림학교 119
장싱셴 119

제시 오언스 38
조선박람회 128, 129
조선보물고적명승천연기념물보존령 55
조선사 55
조선신궁봉찬체육대회 152
조선체육회 166
존 카를로스 40
중일전쟁 89, 97

ㅌ

태평양전쟁 162
토미 스미스 40

ㅍ

피에르 드 쿠베르탱 28

ㅎ

히리 다카시 115
학도병 162
학도선배중견단 163
헬레네 마이어 34
히라오 하치사부로 93
히로다 고키 89

동북아역사재단 교양총서 32

식민지 조선의 올림픽 민족주의

제1판 1쇄 발행일 2023년 12월 27일

지은이　허성호
발행인　이영호
발행처　동북아역사재단

출판등록　제312-2004-050호(2004년 10월 18일)
주소　서울시 서대문구 통일로 81, NH농협생명빌딩
전화　02-2012-6065
팩스　02-2012-6186
홈페이지　www.nahf.or.kr
제작·인쇄　역사공간
디자인　역사공간

ISBN　979-11-7161-057-0　　04910
　　　　978-89-6187-406-9　　(세트)

- 이 책은 저작권법으로 보호를 받는 저작물이므로 어떤 형태나 어떤 방법으로도 무단전재와 무단복제를 금합니다.
- 책값은 뒤표지에 있습니다. 잘못된 책은 바꾸어 드립니다.